Lea Kamp

Hinter meinem Horizont

Lea Kamp

Hinter meinem Horizont

Eine weltwärts-Freiwillige erzählt von ihrem Leben in Kamerun

Bloggingbooks

Impressum / Imprint
Bibliografische Information der Deutschen Nationalbibliothek: Die Deutsche Nationalbibliothek verzeichnet diese Publikation in der Deutschen Nationalbibliografie; detaillierte bibliografische Daten sind im Internet über http://dnb.d-nb.de abrufbar.

Bibliographic information published by the Deutsche Nationalbibliothek: The Deutsche Nationalbibliothek lists this publication in the Deutsche Nationalbibliografie; detailed bibliographic data are available in the Internet at http://dnb.d-nb.de.

Coverbild / Cover image: www.ingimage.com

Verlag / Publisher:
Bloggingbooks
ist ein Imprint der / is a trademark of
AV Akademikerverlag GmbH & Co. KG
Heinrich-Böcking-Str. 6-8, 66121 Saarbrücken, Deutschland / Germany
Email: info@bloggingbooks.de

Herstellung: siehe letzte Seite /
Printed at: see last page
ISBN: 978-3-8417-7049-3

Inhaltsverzeichnis

Wie alles begann

Ein ganzes Jahr bin ich nun schon wieder in Deutschland. Ganze 12 Monate ist mein Afrika Abenteuer her, meine wunderbare, bewegende, aufwühlende und unvergessliche Zeit im bunten, wunderschönen Kamerun. Kamerun, das ich ein Jahr lang mein Zuhause nennen durfte und das immer noch einen großen Teil meines Denkens, Handelns und Fühlens bestimmt. Ein Teil von mir ist dort geblieben; wird immer dort sein. Und ich hoffentlich bald zurückkehren.

Nach meinem Abitur im Mai 2010 hatten die wenigsten meiner Mitschüler eine Idee davon, was sie nach der Schule machen sollten. Viele entschieden sich dazu, sich ein Jahr Zeit zu nehmen, bevor das Studium oder die Ausbildung anfing, um etwas von der Welt zu sehen. Eine Freundin von mit brachte mich auf die Idee, einen Freiwilligendienst in einem Land des globalen Südens zu leisten. Ich dachte mir: Warum nicht? Eine sehr spontane Idee für eine so intensive Erfahrung. Ich würde gerne sagen: „Seit ich fünf bin, wollte ich schon immer nach Afrika!“ Die Wahrheit ist aber wohl: „Ich habe einfach keine Idee, was ich mit meinem Leben anfangen möchte. Vielleicht finde ich es innerhalb der nächsten 12 Monate heraus.“ (Das war übrigens nicht der Fall.)

Dann ging alles sehr schnell. Ich habe mich bei nur einer Organisation beworben, wurde zu einem Auswahlseminar eingeladen und hatte zwei Wochen später meine Zusage im Posteingang. Das war wohl der Moment, in dem mir erst richtig bewusst wurde, worauf ich mich eingelassen hatte, was mich erwarten würde und was dieser große Schritt nach Kamerun für mich bedeutete. Ein Jahr in einer mir vollkommen fremden Kultur in einem fremden Land, getrennt von Familie und Freunden, eingebunden in eine lokale NGO (Nicht-Regierungs-Organisation), von der ich bisher nur eine kurze Beschreibung gelesen hatte. All dies war unglaublich aufregend und auch unglaublich irreal.

Ich bin sehr behütet aufgewachsen, umsorgt und geliebt von meinen Eltern, Familie und Freunden. Schule, Hobbies, Urlaube. Mein Leben war 18 Jahre lang sehr schön und wohl auch, wie sagt man so schön, „typisch bürgerlich“. Dieser Schritt, mein bisheriges Leben hinter mir zu lassen und zum ersten Mal in meinem Leben komplett auf mich allein gestellt zu sein, Verantwortung zu übernehmen und in einem anderen Land zu leben, war der größte, den ich bis dahin getan habe.

Ein Schritt in ein Abenteuer, das 12 Monate dauerte, das mir gute und schwere Zeiten bescherte, mir neue Freunde brachte, meine Gedanken und neue Bahnen lenkte und mir so viel schenkte, wie ich es niemals erwartet hätte.

Dieses Buch enthält all meine Blogeinträge dieser 12 Monate. Ich habe kaum etwas verändert, sondern nur hier und da ein paar Hintergrundinformationen hinzugefügt, die dem Leser hoffentlich helfen, Kamerun und seine Bewohner etwas besser zu verstehen.

Viel Spaß beim Lesen!

Donnerstag, 22. Juli 2010

Yaoundé

Kamerun. Ich bin tatsächlich hier. Rieche die (im Moment noch kühle) waldige Luft, höre die fremden Vogelstimmen und sehe auf die Stadt. Ich sitze auf dem Gelände der protestantischen Universität in Yaoundé, unserer Unterkunft für die nächste Woche. Um sechs sind wir aufgestanden, geplant war eigentlich sieben, aber die Uhren sind teilweise noch nicht umgestellt. Ja, wir sind euch in Deutschland hier eine Stunde voraus!

Vorweg erstmal: mir geht es gut! Gestern sind wir um fünf Uhr aufgestanden, um uns auf den beschwerlichen Weg von unserem Hotelzimmer zum Frankfurter Flughafen, nach Paris und anschließend hierher zu begeben. Die Anderen haben wir auf dem Frankfurter Flughafen getroffen, die Freude war riesig, alle endlich wiederzusehen.

Der Flug von Paris nach Yaoundé in einem unheimlich riesigen Flugzeug (wie kann so etwas bloß fliegen?) war sehr, sehr lang, aber das Warten hat sich gelohnt, als wir zum Landeanflug angesetzt haben: unter uns erstreckte sich der riesige, grüne, vegetierende Regenwald. Ich habe mich praktisch auf den Schoß meiner kamerunischen Nachbarin gesetzt, um diese wunderbare Landschaft betrachten zu können. Sie amüsierte sich über meine Begeisterung und sagte nur: "Pretty, eh?". Das erwartete Chaos am Flughafen hielt sich zum Glück in Grenzen. Alle Koffer sind da und wir sind alle gut durch die Zollkontrolle gekommen.Wir wurden von zwei wirklich sehr netten DED-Mitarbeitern empfangen, die uns tapfer geholfen haben, unsere Koffer gegen die von allen Seiten zur Hilfe eilenden Gepäckträgern zu verteidigen. Manche mussten ihre Koffer förmlich aus den Händen der eifrigen Helfer entreißen, um sie wiederzubekommen. Angekommen in der Unterkunft haben wir erst einmal gegessen. Bekocht werden wir hier von einer Kamerunerin, das Essen gestern Abend war schon mal sehr lecker! Ich bin gespannt, was uns gleich beim Frühstück erwartet.

Unsere ersten kleinen Abenteuer haben wir schon gemeistert: Zu zweit unter einem minimalistischen Moskitonetz schlafen, das erst einmal an einer Wand ohne Nägel oder Ähnlichem befestigt werden musste. Heute morgen das Haare waschen, ohne fließend Wasser, nur mit kaltem Nass aus dem Bottich. Uns die Sprache ist auch nicht einfach zu verstehen. Aber an all das werden wir uns wohl gewöhnen. Heute geht das Seminar los, ich bin gespannt, was uns erwartet und freue mich drauf!

Bis dahin, alles Liebe!

Montag, 26. Juli 2010

Sonne!

Ich melde mich aus dem mittlerweile sonnigen Yaoundé. Seit Samstag schaut die Sonne immer mal wieder aus den Wolken hervor, ich genieße es und lege mich mittags mitten auf die Wiese, um die Wärme zu genießen. Der ein oder andere Kameruner guckt mal komisch aus seinem Schatten herüber und fragt sich wohl, warum ich mir das antue. Auf der besagten Wiese habe ich die Kinder des Geländes kennen gelernt. Es sind unheimlich viele und alle bezeichnen sich gegenseitig als „frères et soeurs“-als Brüder und Schwestern- was ich anfangs etwas verwirrend fand. 20 Kinder und alle aus einer Familie? Dann habe ich erfahren, dass man meistens die Kinder, mit denen man zusammen aufwächst, als seine Geschwister bezeichnet. Wir sind hier auf jeden Fall die totale Attraktion. Nach anfänglichem Zögern und Beäugen hat sich die kleine Sara getraut, auf uns zuzugehen, der Rest der Bande folgte sofort. „Hoppe hoppe Reiter“ ist jetzt der absolute Hit und kann teilweise sogar schon mitgesungen werden. Die Kleinen sind total süß, aber alleine draußen Tagebuch schreiben geht nicht. Sobald man gesichtet wird, ist man umgeben von Kindern, die entweder an den Haaren herumzupfen oder auf einem herumklettern. Ich werde mich dran gewöhnen. Sonst bleibt als Rückzugsort immer noch mein Zimmer und mein Bett unter dem Moskitonetz.

Am Freitag Vormittag haben wir gefühlte 100 Stunden über Überfälle, Krankheiten, Urlaub und Arbeit gesprochen. Uns wurde erklärt, was man in welcher Situation besser nicht machen sollte und was doch, was verboten ist und wofür wir eine extra Genehmigung brauchen. Ich wollte einfach nur raus, sehen, worüber wir eigentlich reden. Das haben wir dann zum Glück auch gemacht. Drei Mädels, die gerade in Yaoundé ihren Freiwilligendienst leisten und in sechs Wochen wieder nach Deutschland fliegen, haben eine kleine Ralley vorbereitet, die wir in Gruppen meistern mussten. Wir haben Seife gekauft, in der Apotheke nach dem Preis für ein Anti-Durchfall-Mittel gefragt, ein Taxi bestellt und auf dem Markt verhandelt. Wir waren nur auf einem kleinen Markt und das auch nur kurz, aber ich habe einen kleinen Eindruck davon gekriegt, was mich wohl auf dem großen Markt erwarten wird. Kaum betritt man den Marktplatz kommen Verkäufer und Ladenbesitzer auf mich zu, um mir zu sagen, dass sie alles und nur das Beste haben. Ein „Non, merci" reicht da nicht, ignorieren ist das bessere Mittel. Auch die ersten Hochzeitsanträge habe ich dankend abgelehnt. Mit der richtigen Mischung aus Bestimmtheit und Humor scheint man ganz gut klar zu kommen. Meine Aufgabe auf dem Markt war es, einen Armreif für möglichst wenig Geld zu erstehen. Ich bin kläglich gescheitert. Als ich dem Verkäufer die mir vorgegebene Höchstsumme genannt habe, ist er sauer geworden und meinte, dass ich nicht nur einen kleinen Armreif zu kaufen habe, sondern gefälligst mehr. Ich sei ja weiß und hätte das Geld.

Ja, ich bin weiß. Das fällt nicht nur durch die immer wiederkehrenden Rufe „La blache, la blache!“ auf, sondern auch durch die offensiven Blicke, die einem in der Stadt zugeworfen werden. Am Samstag Abend waren wir in einer Bar, in der eine Liveband vor lauter Kamerunern ihre Songs zum Besten gegeben hat. Kaum hatten wir den Raum betreten, wurden wir gefragt, was wir uns denn für Musik wünschen würden und was man sonst noch für uns tun könne. Diese Art der Bevorzugung ist mir etwas unangenehm, aber was soll ich machen? Mich anmalen ist vielleicht nicht die beste Idee.

Mit dem Sprache komme ich einigermaßen zurecht. Die meisten sprechen Französisch und wenn ich mich konzentriere und mein Gegenüber nicht allzu sehr in den kamerunischen Slang fällt, verstehe ich so gut wie alles und kann auch das sagen, was ich zu sagen habe. Unsere Köchin hier und ihre Familie kommen aus dem englischsprachigen Kamerun und sprechen dementsprechend Englisch. Ich habe mich immer noch nicht so wirklich an diesen Klang gewöhnt, der so anders ist als das Englisch, das ich bis jetzt gehört und gesprochen habe. Aber ich habe eigentlich keine großen Sorgen, dass ich mich da nicht hineinfinden werde.

Samstag waren wir trommeln. Das hat so unglaublich viel Spaß gemacht! Guy, unser Vortrommler und seine Freundin waren unheimlich witzig und geduldig. Ich hoffe, in Limbe vielleicht eine Möglichkeit zum regelmäßigen Trommeln zu finden, ich bin gar nicht so schlecht! Auch das Tanzen am Sonntag war super, wir haben traditionelle kamerunische Tänze gelernt, von einem Lehrer, der sich unglaublich bewegen konnte. Musik ist hier sowieso allgegenwärtig. Wenn jemand laut singend die Straße entlanggeht, wird er nicht schräg angeschaut, viel eher steigt der Vorbeigehende in den Gesang mit ein. Guy hat mir erzählt, dass Limbe seine Lieblingsstadt sei, es sei dort so schön und ich könne mich so glücklich schätzen, dort leben zu dürfen. Das hat mich echt gefreut und ich kann es kaum erwarten, die Stadt endlich kennen zu lernen!

Abends waren wir dann auswärts essen, Fisch und Kochbananen (bzw. Plantaine. Wenn man diese Pflanze als Bananen bezeichnet wird man schräg angeguckt). Gegessen wird mit der Hand, was ziemlich praktisch ist, weil man so die Gräten viel eher umgehen kann.

Ich habe jetzt bestimmt die Hälfte von dem vergessen, was ich euch erzählen wollte, aber es ist so schwierig, das, was ich hier erlebe, in Worte zu fassen. Nachts schlafe ich tief und fest, ich habe das Gefühl, dass mein Gehirn schwer am arbeiten ist um all die Eindrücke und Erlebnisse zu verarbeiten.

Fließendes Wasser haben wir übrigens immer noch nicht. Wir waschen uns mit kalten Wasser, das und vor die Tür gestellt wird und benutzen das dreckige Nass dann anschließend als Klospühlung.

Das Füßewaschen zwischendurch haben wir schon aufgegeben. Der charakteristische rote Sand ist allgegenwärtig und lässt unsere Füße in einem schönen Braun- Rot erscheinen.

Bis dahin, alles Liebe!

Mittwoch, 28. Juli 2010

Von Märkten, Taxen und Kakerlaken

Vorweg: Die Sonne hat sich wieder hinter die Wolken verzogen. Es ist nicht wirklich kalt, aber ins Schwitzen kommt man auch nicht. Das ist zum Eingewöhnen vielleicht nicht so schlecht. Die intensivste bisherige Kamerun-Erfahrung hatte ich am Dienstag. Wir sind, in Begleitung von netten Kamerunern, Willbroad und Walters (den Söhnen unserer Köchin) auf den Mokolo, den größten Markt in Yaoundé, gefahren. Dort gibt es wirklich alles: Gemüse und Früchte, Klamotten und Schuhe, Töpfe und Tassen, Sessel und Tische. Der Markt ist riesig und die Aufmerksamkeit die uns, oder vielmehr unserer weißen Haut, auf der Straße entgegen gebracht wird, ist nichts gegen die Blicke und das Geschreie auf der Straße. Ich wurde nicht nur angeguckt, sondern auch angefasst; manche Männer hielten mich so sehr fest, dass ich ihnen mit einem deutlichen „Laisse-moi!“ zu verstehen geben musste, dass ich gerne weitergehen möchte. Eine ältere Frau schien in mir die perfekte Ehefrau für ihren Sohn zu sehen und hielt nach einem Ehering Ausschau. Als sie den nicht fand, war die Sache klar: ich soll doch bitte ihren schönen Sohn zum Mann nehmen. Vielleicht wäre ein falscher Ehering doch gar keine so schlechte Idee (ja, Mama, du hattest Recht). Das hört sich alles etwas negativ an, aber ich fand den Markt unglaublich toll. Zwar wurde ich ein bisschen erschlagen von der Größe und von der riesigen Masse an Menschen, aber ich habe auch nette Gespräche geführt, mit Kindern gescherzt und endlich mal dieses „afrikanische Markt-feeling“ (Achtung, Stereotyp!) erleben dürfen. Etwas unangenehm fand ich, dass wir als so große Gruppe von Weißen unterwegs waren, begleitet von drei Schwarzen, wie eine Leibgarde um uns herum platziert. Wir wurden meistens als chinesische Touristen benannt (ja, auch der Ruf „Chinois, chinois“ ist hier weit verbreitet- mir wurde erklärt, dass Kamerun im Moment von Chinesen überflutet wird und deswegen viele Weiße automatisch als solche erkannt werden) und das ist es ja eigentlich, was ich nicht sei möchte: Touristin. Ich hätte es besser gefunden, wenn wir in einer kleinen Gruppe von zwei oder drei auf dem Markt gegangen wären, aber dazu werde ich ja noch genügend Gelegenheiten haben. Ich bin auf jeden Fall sehr glücklich, dass ich mich so wohl gefühlt habe auf dem Markt, dass ich Spaß hatte, mich aber auch durchsetzen konnte, wenn ich etwas nicht wollte. Das gibt mir Mut für das nächste Jahr.

Am Nachmittag sind Paula und ich noch alleine (Premiere!) auf den kleinen Markt gefahren, auf dem wir schon mit den „alten" Freiwilligen waren. Wir haben uns jeweils eine Tasche gekauft, die wir von 12.000 bzw. 15.000 Franc CFA auf jeweils 3000 (also circa vier Euro) runtergehandelt haben. Das war ein (Erfolgs-) Erlebnis! Gehandelt wird so: der Verkäufer nennt einen (viel zu hohen) Preis, ich einen niedrigeren, der Verkäufer willigt natürlich nicht ein („Echtes Leder, echtes Leder! Das Teil ist neu, mit Reißverschluss und verstellbarem Gurt!"), ich gehe vielleicht etwas höher, der Verkäufer ist immer noch nicht einverstanden („So wenig? Ich habe alleine 3000 bezahlt, um einzukaufen!"), dann sage ich, dass mir der Preis zu hoch ist und dass ich mal woanders schauen werde. Um das Geld nicht an die Nachbarn zu verlieren, willigt der Verkäufer ein und der Handel steht. Bei meinem Einkauf hat mir der Händler zu wenig Wechselgeld rausgegeben, nachzählen ist also auch ganz wichtig. Wir haben dann noch ein bisschen mit den Händlern gequatscht, die uns unabhängig voneinander von der Schönheit und Exklusivität Limbes erzählt haben.

Die Fahrt zum Markt und von dort aus zurück zur Universität wurde wie immer per Taxi zurückgelegt. Taxifahren und -bestellen ist ziemlich abenteuerlich. Die Stadt ist voll mit Taxen, die einfach an den Straßenrand gewunken werden, oder sowieso hupend an jeder dort stehenden Person vorbeifahren. Man ruft dem Fahrer seinen Zielort zu und wenn dieser auf der Route liegt, die die schon im Auto befindlichen Menschen vorgegeben haben, wird man mitgenommen. Dann ist es auch egal, wenn das Taxi eigentlich schon voll ist, vorne passen auch drei und hinten vier Leute rein. Wenn der Reifen platzt, wird einfach bezahlt und in das nächste Taxi eingestiegen. Taxifahren ist wirklich ziemlich günstig. Der Standartpreis beträgt 200 Francs, was ungefähr 30 Cent entspricht.

Dienstag sind wir mit unseren Betreuern Essen gegangen. Es gab Huhn, und zwar nur Huhn. Es war lecker, aber viel zu fettig. Abends hatte ich schon etwas Magengrummeln, heute Morgen haben dann viele Andere ebenfalls über Magen-Darm- Probleme geklagt. Niemanden hat es allzu schlimm erwischt (auch mich nicht), aber man merkt, dass wir unsere Mägen erst langsam an die ungewohnte Belastung gewöhnen müssen. Ein superlecker aussehendes Gebäck auf der Straße kaufen ist leider (noch) nicht drin.

Mit den vielen Krabbeltierchen hier haben wir auch schon Erfahrungen gemacht. Ein paar von uns saßen Abends gemütlich im Seminarraum, als Max und David dazustießen. Sie hatten einen Behälter in der Hand, den sie über meine (nackten!) Beine hielten, ihn öffneten und heraus fiel- eine riesengroße, wahrscheinlich mutierte Kakerlake. Sarah, die neben mir saß und panische Angst vor allem mit mehr als zwei Beinen hat, ist kreischend auf einen Stuhl gesprungen, ich bin in eine Zimmerecke geflüchtet und alle anderen haben einfach nur gelacht. Paula und ich haben das Tier dann wieder eingefangen und wollten es eigentlich aus Rache unter das Moskitonetz von Max und David setzen, hatten dann aber zu sehr Angst vor neuerlicher Rache. Also haben wir die Kakerlake Willbroad und Walters überlassen, die sie draußen umgebracht haben.

Ihr merkt: ich erlebe viel hier. Heute Abend lernen wir unsere zukünftigen Mentoren kennen. Unsere Betreuerin hat mir gesagt, dass meiner schon sehr aufgeregt sei, mich zu treffen. Dann geht es ihm nicht anders als mir. Im Einzelgespräch, in dem wir mehr über unseren zukünftigen Arbeitsplatz erfahren haben, wurde mir erzählt, dass ich auch außerhalb von Limbe viel herumreisen werde und dafür auf jeden Fall Pidgin lernen muss. Ich hab dann also eine Geheimsprache, wenn ich wiederkomme.

Den nächsten Eintrag werde ich wohl aus Limbe schreiben, am Freitag geht' s mit dem öffentlichen Bus los. Das soll auch sehr abenteuerlich sein, habe ich gehört.

Bis dahin, alles Liebe!

Sonntag, 8. August 2010

Ein Lebenszeichen aus dem Regen

Ich bin tatsächlich in Limbe. Im warmen, schwülen, regnerischen Limbe, das so anders ist, als es auf es auf den vielen Fotos, die ich mir vor meiner Ausreise angeschaut habe, den Anschein hatte. Es ist wunderschön; grün und mit dem Meer direkt vor meiner Haustür. Aber auch dreckig und wirklich sehr, sehr nass und matschig. Aber das legt sich in der anstehenden Trockenzeit ja zum Glück wieder.

Aber von vorne: Am Donnerstag Abend kamen nach und nach unsere Tutoren zur Tür hereinspaziert. Da ich kein Ahnung hatte, wie meiner wohl aussieht, kriegte ich alle 10 Minuten regelmäßig eine Herzattacke. Als dann zwei Männer ungefähr Ende 20 hereinkamen und unsere Betreuerin auf mich und Paula zeigte, traf ich meinen Tutor das erste Mal. Ich war ziemlich aufgeregt, habe vor mich hingestammelt, unfähig, auch nur ein englisches Wort über die Lippen zu kriegen. Basil, so heißt mein Tutor, hat' s locker genommen und bei einem ersten abendlichen Gespräch sind mir dann doch wieder ein paar englische Vokabeln eingefallen. Grade am ersten Wochenende in Limbe hat er mir sehr geholfen, mich einzuleben und mich nicht allzu alleine zu fühlen.

Am Freitag haben alle Freiwilligen und Tutoren in einem großen Kreis ihre Hoffnungen und Befürchtungen ausgetauscht. Wir waren alle sehr erleichtert, dass anscheinend keine unmöglich zu erfüllbaren Erwartungen an uns gestellt werden. Eine Erwartung, die unsere Tutoren genannt haben war „Not to be experts“. Das hat mich sehr erleichtert, weil eine meiner Sorgen die ist, dass zu viel- auf professioneller Ebene- von mir erwartet wird. Diesen Eindruck hatte ich dann aber zum Glück nicht. Nachmittags haben Basil und ich dann meinen Arbeitsplan für die ersten vier Wochen entworfen. Um den zu verstehen, stelle ich euch kurz die Organisation vor, in der ich im nächsten Jahr arbeiten werde:

ASYOUSED („As you said“) ist eine NGO, eine Nicht-Regierungsorganisation. Abgesehen von Basil arbeite ich mit vier anderen Jungs und einer anderen Frau zusammen. Die Organisation teilt sich in vier „Departments“ auf:

1. Human rights and democracy
2. 2. Culture
3. 3. Environment
4. 4. Community health

In der ersten Woche sollte ich erst einmal reinkommen, überall ein bisschen reinschnuppern und das Leben im Office (unserer „Homebase“) kennen lernen. Dieses ist ziemlich hektisch, es gibt eine Menge zu tun und eine richtige Mittagspause hatte ich die Woche über auch nicht. Aber ich hab' s lieber so, als nur rumzuhängen und nichts zu machen.

In der zweiten Woche werde ich in einem Projekt mitarbeiten, das sich mit den

Zukunftsperspektiven für Jugendliche beschäftigt und für diese einen Workshops anbietet. In der dritten Woche werde ich hauptsächlich in Buea (eine Stadt, noch nasser als Limbe und circa 30 km weit entfernt) arbeiten, wo ein Workshop für Human rights and decromacy angeboten wird. In der vierten Woche startet ein Projekt in Bamenda (eine andere Stadt, aber weiter weg), das die Leute zum Thema Umwelt und Nachhaltigkeit sensibilisieren soll. Der Plan ist, 6000 neue Bäume zu pflanzen und den Leuten zu erklären, warum es wichtig ist, die Bäume zu erhalten. Ich weiß noch nicht, wie weit ich in dieses Projekt eingebunden sein werde, auf jede Fall finde ich es superspannend! Ab September soll ich dann in einem Community healths program arbeiten, das bis November läuft. Was danach angesagt ist, weiß ich noch nicht genau, aber bis November ist' s ja noch ein bisschen Zeit.

Am Freitag Morgen sind wir, Basil, Paula, ihr Tutor und ich, dann in Richtung Limbe aufgebrochen. Die Fahrt war sehr, sehr abenteuerlich und ich wundere mich immer noch, dass wir heile angekommen sind. Mit dem Taxi sind wir von unserer Unterkunft zum Busbahnhof gefahren, haben uns Karten gekauft und gewartet. Als der Bus dann voll war- nicht etwa eine bestimmte Uhrzeit legt fest, wann der Bus abfährt, sondern die Anzahl der Menschen in ihm- ging' s endlich los, an unheimlich grünen, hügeligen Landschaften vorbei, in Richtung Douala. Douala ist die wirtschaftliche Metropole Kameruns, mit noch mehr Einwohnern als Yaoundé und dementsprechend noch lauter, voller, dreckiger und betriebsamer. Auf der Strecke nach Douala hielt der Bus immer wieder an, um Verkäufer aufzunehmen, die während der Fahrt versuchten, ihre Produkte an den Mann zu bringen. Ich habe gelernt, dass manche kamerunischen Bonschen Kindern beim Einschlafen helfen und Chips dich auch schlanker machen können, wenn du sie dir nur richtig einteilst. In Douala angekommen, haben wir eine Art Privattaxi genommen, das voll beladen mit sieben Personen (in einem Fünfsitzer wohlgemerkt!) in Richtung Limbe gebrettert ist. Brettern ist hier genau das richtige Wort. Wozu blinken beim Überholen, wenn man eine Hupe hat? Und wenn die Entfernung zum anderen Fahrzeug etwas zu großzügig eingeschätzt wurde und der Überholvorgang zu misslingen droht, soll gefälligst der Entgegenkommende ausweichen. Irgendwann habe ich nur noch die Augen geschlossen und an Schokolade gedacht. In Limbe haben wir uns von Paula und ihrem Tutor getrennt und Basil und ich sind mit dem Taxi zu meiner Unterkunft gefahren. Empfangen wurden wir von einer jungen Frau, nicht viel älter als ich, und ihrem 1,5- jährigen Sohn. Sie ist andauernd auf Achse, bringt das Kind irgendwo anders unter und geht feiern. Aber sie ist nett, beantwortet meine Fragen und bringt meine Wäsche rein, wenn es anfängt zu regnen. Wir haben dann gegessen und Basil und ich sind nochmal losgezogen, am Meer entlang, am botanischen Garten vorbei, hoch auf einen Berg, von dem aus ich einen unglaublichen Ausblick auf die Bucht von Limbe hatte. Auf dem Weg hoch ging' s mir nicht besonders gut. Ich war fertig von der Fahrt, hatte mir meine Unterkunft und meine Gastmutter irgendwie anders vorgestellt und war insgesamt etwas überfordert von der Situation. Aber dann habe ich den Ausblick genossen, mir die Seeluft um die Nase wehen lassen und mich mit dem Gedanken angefreundet, ein Jahr in dieser Stadt zu verbringen. Auf dem Rückweg ging es mir schon viel besser. Ich habe mir mein sehr karges Zimmer dann etwas persönlicher eingerichtet und mich sofort wohler gefühlt. Am Samstag Morgen musste ich erst einmal den Schock überwinden, den ich erlitten hatte, als mir beim Duschen (oder eher beim Kopf- unter- minimalistischen- Wasserstrahl- halten) eine Maus aus dem Abfluss Guten Morgen gesagt hat. Dann war ich mit Paula verabredet, ich war aber viel zu früh am Treffpunkt und habe einen netten französischsprachigen Kameruner getroffen, der mit mir über den Markt geschlendert ist und mir geholfen hat, die Wartezeit zu überbrücken.

Abends hat Basil mich dann abgeholt und mich in eine Bar gebracht, wo meine zukünftigen Kollegen und ein „ASYOUSED welcomes Lea Kamp“- Schild schon auf mich gewartet haben. Und sie sind alle so unheimlich nett! Eine gelungene Überraschung, die Basil da vorbereitet hat. Es war ein gutes Gefühl, meine

Kollegen schon vor dem ersten Arbeitstag kennen gelernt zu haben. Ich hatte gleich einen guten Draht zu ihnen, habe mich gut unterhalten und Spaß gehabt. Basil hat von seinen Eindrücken aus Yaoundé erzählt, nämlich, dass er sehr froh darüber ist, die Jüngste aus der Gruppe als Freiwillige zu haben, die dazu auch noch „one of the smartest“ und sehr engagiert sei. Es hat mich sehr gefreut, dass er so einen guten Eindruck von mir hat. Meine Kollegen sind alle zwischen 25 und 30, also gefühlt auf meiner Wellenlänge. Wir saßen ein paar Stunden in der Bar, haben geredet, gelacht und sind dann nach Hause.

Am Sonntag habe ich meine erste Handwäsche hier erledigt (Blase inklusive), und wurde dann von Basil und Julius, einer meiner Kollegen, abgeholt. Sie haben mir Teile der Stadt gezeigt und mich anschließend noch auf Reis mit Fisch eingeladen. Ich bin echt froh darüber, mein Fischianerin- Dasein vor Kamerun abgelegt zu haben, sonst würde ich so viel verpassen! Wer Fisch mag, schwebt hier im siebten Himmel. Julius will unbedingt Deutsch lernen und wir haben eine Abmachung getroffen, dass ich ihm Deutsch beibringe und er mir im Gegenzug Pidgin näher bringt. Denn Pidgin spricht hier wirklich jeder. Einen Teil kann ich verstehen, da diese Sprache sehr ans Englische angelehnt ist, aber sprechen, oder Gespräche zwischen nuschelden Jungs nachvollziehen ist (noch) nicht drin. Beispiele:

„Where are you going to?“ heißt auf Pidgin „You di go for whoside?“

„I don' t have money to buy you foot“ heißt „I no get money for buy you chop.“

Man muss sich noch einen heftigen Slang dazudenken und eine wahnsinnige Geschwindigkeit et voilà: Pidgin.

Bei dem besagten Spaziergang hab ich mir meine Füße ruiniert, indem ich mehrere Kilometer in neu gekauften Plastik- Flipflops gelaufen bin, die ich mir auf dem

Markt gekauft hatte, weil meine Ledersandalen schon fast komplett auseinandergefallen sind. Jetzt pflege ich meine sieben mehr oder weniger offene Blasen und rede meinen Füßen gut zu, dass ihnen keine weitere Jakobsweg- Tortur bevorsteht.

Jetzt zu meiner Arbeit:

Am meinem ersten Arbeitstag fand morgens erst einmal das montagliche Treffen statt. Es wird der Bericht der letzten Woche vorgetragen, besprochen, was erledigt ist und was noch ansteht. Zuerst wird aber gebetet. Ich fand' s sehr nett, dass ich vorher gefragt wurde, ob das für mich in Ordnung sei und als ich zustimmte, wurde ich mit in das Gebet aufgenommen. Nach dem Meeting sind wir nach Buea gefahren, wo wir ein Treffen mit dem Bürgermeister hatten, der einem anstehenden, in Buea stattfindenden Projekt seine Zusage erteilen sollte. Dies tat er dann auch nach langem hin und her und nach drei Gängen in verschiedene Copy-shops, um alle möglichen erwünschten Dokumente zu erstellen oder auszudrucken. Nach meinem ersten Arbeitstag war ich erschöpft, aber auch glücklich, dass ich den Großteil der Gespräche nachvollziehen konnte und in Entscheidungen mit einbezogen wurde. Nach der Rückkehr aus Buea bin ich noch im Office geblieben und hab lange mit Julius gequatscht und gelacht. Kamerunern Deutsch beizubringen ist äußerst amüsant! Julius und ich verstehen uns super und ich habe in ihm einen meiner ersten „richtigen“ Freunde hier in Kamerun gefunden. Die restliche Woche ist nur so vorbeigeflogen. Ich bin schon jetzt ein Teil des Teams und habe heute mein erste Aufgabe, die ich alleine zu erledigen hatte, gemeistert. Auch wenn es nur darum ging, den Priester einer Kirche um die Nutzung der Church Hall zu bitten; ich bin froh, dass mir das Vertrauen entgegengebracht wurde, das alleine zu regeln.

Um zum Ende zu kommen: Bis jetzt geht es mir gut. Erste Heimweh- Gefühle sind zwar schon aufgekommen, aber ich werde hier super aufgenommen, fühle mich meistens wohl und hatte bis jetzt noch nicht genug Freizeit, um mich allzu sehr reinzusteigern. Ich muss mich an so vieles gewöhnen, lernen, Dinge mit anderen Augen zu sehen und auch, bestimmt aufzutreten. Wenn es darum geht, Männern meine Handynummer und ein weiteres Treffen zu verweigern, brauche ich Selbstbewusstsein, das ich bis jetzt aber einigermaßen aufrecht erhalten konnte. Ich habe Leute, die etwas auf mich achten und mir hier und da Hilfestellung geben, wenn ich manche Dinge aufgrund ihrer mir fremden Naturu einfach nicht verstehe. Und sei es nur die alte Verkäuferin von Gegenüber, die ich Mommy Mary nennen soll, die mir erklärt, dass es höflich und ein Zeichen von Respekt ist, wenn mich das jüngere Mädchen als „Aunti Lea“- Tante Lea- bezeichnet. Auch, wenn es noch etwas schwierig ist, sich an die Kakerlaken zu gewöhnen, die mir im Moment morgens im Bad Hallo sagen, an die Mäuse, die Nachts die Zeitung in meinem Schrank anknabbern, an die anhaltende Feuchtigkeit, an das immer noch fremde Essen; ich fühle mich wohl. Am Sonntag war ich dann mit zwei Kollegen beim Radio, um dort ein Interview zu unserem anstehenden Projekt zu geben. Ich habe die Sache ganz gut gemeistert und konnte auch mal einen Einblick in die kamerunische Art des Radio- machens bekommen. Alles, wirklich alles wird 1000 Mal wiederholt, jede Ansage, jede Frage und jede Antwort. In den Nachrichten werden zuerst die Schlagzeilen vorgelesen, diese dann genauer erläutert, anschließend wird alles nochmal zusammengefasst und zum Schluss die Schlagzeilen erneuert verlesen. Sehr witzig war's.

Mein zweites Wochenende habe ich zur Hälfte mit zwei anderen Freiwilligen aus Yaoundé, die gerade in der Nähe waren und sich mal Limbe anschauen wollten, verbracht und am Sonntag habe ich mich mit Paula getroffen. Wir hatten beide etwas Heimweh, haben uns nicht allzu gut gefühlt, uns dann aber gegenseitig allein schon durch unsere jeweilige Anwesenheit geholfen. Minus mal Minus ergibt Plus.

An meinem Arbeitsplatz habe ich (noch) kein Internet, deswegen werden die Blogeinträge wahrscheinlich etwas rarer werden. Dafür umso länger!

Bis dahin, alles Liebe!

Kamerun (République du Cameroun, Republic of Cameroon)

Kamerun liegt in Zentralafrika und wird begrenzt durch Nigeria, den Tschad, die Zentralafrikanische Republik, die Republik Kongo, Gabun und Äquatorialguinea.

Seit 1960 ist Ostkamerun unabhängig, ein Jahr später folge Westkamerun

Nicht umsonst wird Kamerun als „Afrique en miniature" also als „kleines Afrika" bezeichnet. Unter Anderem aufgrund der verschiedenen Klimazonen, die sich in Kamerun finden lassen. Das Land befindet sich in der tropischen Klimazone; das südliche Drittel- also auch „meine" Stadt Limbe- gehört zum tropischen Regenwaldgürtel Afrikas. Die Regen- und die Trockenzeit bestimmen hier das Jahr. Zu den jeweiligen Hochzeiten der Jahreszeiten bleibt man dann doch lieber im Haus, um nicht nach zwei Sekunden bereits durchnässt zu sein, beziehungsweise geht keinen Schritt mehr zu Fuß, um Schweißausbrüche zu vermeiden. Weiter nördlich in Kamerun, in der Region um Bamenda, findet man Savannenklima vor, insgesamt kühlere Temperaturen und eine längere Regenzeit. Im extremen Norden herrscht trockenes Steppenklima vor, die Regenzeit ist sehr kurz und weniger intensiv.

Die offiziellen Landessprachen Kameruns sind Französisch und Englisch. Diese werden allerdings meistens nur zu offiziellen Anlässen, auf der Arbeit und in der Schule gesprochen; den Alltag beherrschen die circa 230 lokalen Sprachen und Dialekte.

Circa 25% der Bevölkerung Kameruns sind Katholiken, weitere 25% Protestanten und 20% Muslime. Die übrigen 30% werden zu lokalen traditionellen Religionen gezählt. Dies sind allerdings die offiziellen Zahlen; ich habe in meiner Zeit in Kamerun festgestellt, dass die Religionen sehr stark mit traditionellem Denken und Handeln verknüpft sind. Ein Kameruner mag Katholike sein und jeden Sonntag in die Kirche gehen, um sich dann am nächsten Tag seine traditionelle Kleidung überwerfen, um an einem Fest teilzunehmen, das mit Tanz, Musik und viel Spaß böse Geister vertreiben soll. Dies ist kein Widerspruch, sondern eine Kombination aus den „typischen", in Kamerun eher neuen Religionen- man denke an die Kolonialzeit, die gar nicht allzu lang zurück liegt- und jahrhundertealten Traditionen, die gepflegt werden, um sie in der immer westlicher werdenden Gesellschaft Kameruns nicht zu verlieren.

Kamerun ist 475.000 Quadratkilometer groß, das ist ungefähr 1,3 mal so groß wie Deutschland. Die Einwohnerzahl wird auf circa 19,8 Millionen geschätzt- die letzte Volkszählung fand 2005 statt- , die Hauptstadt Youndé zählt circa 1,3 Millionen davon. Zum Vergleich: Deutschland hat knapp 82 Millionen Einwohner, davon leben 3,5 Millionen in Berlin.

Kamerun ist ein Präsidialregime nach französischem Muster; der Präsident ernennt und entlässt Minister und Kabinettsmitglieder und bestimmt die Politik. Seit 1982 ist Paul Biya das Staatsoberhaupt Kameruns.

Zur Politik des Landes aber später mehr!

Informationen von:

http://www.auswaertiges-amt.de/DE/Aussenpolitik/Laender/Laenderinfos/01-Nodes_Uebersichtsseiten/Kamerun_node.html

http://de.wikipedia.org/wiki/Kamerun

Sonntag, 15. August 2010

Die mit dem roten Ruecken

Ich befinde mich gerade im Internetcafé und das erste Mal in meinem Leben versuche ich, tatsächlich gerade zu sitzen. Nicht etwa, weil ich doch eingesehen habe, dass es gesünder ist, nicht völlig gekrümmt seine Zeit am Computer zu verbringen, sondern weil es einfach nicht anders geht. Ich bin rot. Sehr rot. Gestern haben Paula und ich eine Freiwillige getroffen, die nächsten Monat wieder abreist und zusammen mit einer ehemaligen Freiwilligen, die für ein Praktikum wieder in Limbe ist, sind wir an den Strand gefahren. Es war so wunderschön, so unglaublich unwirklich und irreal. Der Strand, an den wir gefahren sind, ist einer von mehreren in und um Limbe. Der Sand ist schwarz, der Strand zieht sich mehrere Kilometer am grünen Regenwald entlang, der direkt hinter dem Strand beginnt. Das Wasser ist nicht zu kalt und nicht zu warm, die Wellen gerade richtig hoch. Wir hatten Spaß. Und Sonne. Zum ersten Mal hatten wir einen Tag ohne Regen und haben die Sonne, die ausnahmsweise mal nicht hinter Wolken versteckt war, gründlich unterschätzt.Wir haben uns zu spät, bzw. gar nicht eingecremt und müssen jetzt mit den Konsequenzen leben. Nächstes Mal wissen wir es besser.

Jetzt zu meiner letzten Arbeitswoche: Die ersten drei Tage habe ich mit Vorbereitungen für den Workshop am Donnerstag und Freitag verbracht und war ein weiteres Mal in Buea, um dort einige Menschen zu treffen, die an dem anstehenden Workshop in Buea teilnehmen werden. Donnerstag und Freitag fand dann der besagte Workshop zur "Youth Career Orientation" in der Council Hall in Limbe statt. Wir hatten mit mindestens 500 Teilnehmern gerechnet, immerhin hatten wir 2000 Flyer verteilt, waren an Schulen unterwegs, haben Poster aufgehangen, etc. Letztendlich hatten wir circa 30 interessierte Jugendliche da. Ich fand das ziemlich enttäuschend und frage mich, was die jungen Leute davon abhält, sich über Möglichkeiten für ihre Zukunft zu informieren. Als ich diese Frage stellte, wurde mir gesagt, dass für viele einfach schon klar ist, was sie machen werden, und falls dies nicht der Fall ist, liegt es nicht an den Jugendlichen selbst, zu entscheiden, sondern an ihren Eltern. Das ist verdammt schade, aber schwierig zu ändern. Hier sind es halt meistens die Eltern, die über die Zukunft ihrer Kinder entscheiden.

Der Workshop war trotzdem gut und für die, die da waren, hoffentlich inspirierend.

Freitag nach dem Workshop bin ich meine zukünftige Mitbewohnerin besuchen gegangen: ich werde übernächsten Montag stolze Besitzerin einer kleinen, schwarzen Baby- Katze! Die Besitzerin ist die Inhaberin eines Restaurants, in dem ich essen war und sehr glücklich, nun auch das letzte Katzenkind in sicheren Händen zu wissen. Sie hatte Angst, erzählte sie mir, dass kein Kameruner die Katze nimmt, weil schwarze Katzen hier teilweise für Hexenkraft benutzt werden. Allerdings nicht als Ganzes, sondern zum Beispiel die Zähne, die Krallen etc. Ich hoffe, die Kleine ist in meiner Nachbarschaft sicher. Einen Namen haben Paula und ich (wir werden uns gemeinsam um das Kätzchen kümmern) noch nicht. Wenn also jemand eine Idee hat: immer her damit!

Freitag haben wir dann noch zwei Jungs kennen gelernt, die sich selbst als "Artisten" bezeichnen. Sie treten auf, singen, tanzen und verdienen so ihr Geld, haben sie uns erzählt. Als wir am Samstag dann in dem Club waren, in dem sie auftreten wollten, fanden wir eine Bühne vor, auf der man mit Vollplayback seine Show hinlegen konnte. Lustig war's. Aber nicht besonders artistisch. Von Samstag auf Sonntag hat Paula bei mir geschlafen, wir waren einkaufen und haben DAS Frühstück zelebriert. Mit Früchten, Rührei, Brot, WURST! Unglaublich lecker. Etwas Richtiges zu Essen kriege ich zu Hause immer noch nicht. Ich habe meiner Gastmutter zwar eine Liste mit Dingen geschrieben, die ich gerne mag und sie war dann auch einkaufen. Das Ganze ist aber schon 1,5 Wochen her. Nochmal einkaufen war sie seitdem nicht. Und wenn es dann doch mal Brot gibt, hält das ungefähr einen Tag, weil die vielen Leute, die in unserem Haus ein und aus gehen, scheinbar immer hungrig sind. Nächsten Monat werde ich mein Verpflegungsgeld für mich behalten, mir ein eigenes Fach im Kühlschrank reservieren und Subsistenzwirtschaft betreiben. Im Moment ernähre ich mich von Toast, Bananen, Gebäck von der Straße mit einem unheimlich hohen Suchtfaktor, Fisch und dem Essen von Paulas Gastmutter. Als die gehört hat, dass ich zu Hause meistens hungere, war sie ziemlich entsetzt und hat mich sofort dazu eingeladen, doch immer vorbei zu kommen, wenn ich Lust auf warmes Essen verspüre. Der Einladung bin ich bereits gefolgt.

Ansonsten fühle ich mich gut. Zwar überkommt mich ab und zu Heimweh, aber ich bin ziemlich viel unterwegs, entdecke immer wieder Neues und Unbekanntes und bin selten alleine. Ich bin zwar erste zwei Wochen in Limbe, meine aber, das Leben hier immer besser zu verstehen. Das Handeln um den Fisch und um den Preis für das Taxi, der Smalltalk mit fremden Menschen, die Arbeit und mein besser werdendes Englisch geben mir das Gefühl, immer mehr anzukommen. Zwar gibt es auch Tage, an denen mir die "Whiteman, whiteman!"- Rufe auf die Nerven gehen und ich mit griesgrämiger Miene durch die Straßen laufe oder den Mann anmeckere, der sich neben mich auf die Bank setzt und reden will, obwohl ich eigentlich gerade alleine sein möchte. Aber die guten Tage überwiegen eindeutig. Als etwas störend empfinde ich das andauernde Bedürfnis vieler kamerunischen Männer, auf mich aufpassen zu müssen. Ich bin seit zwei Wochen hier, ich kann mein Taxi selber bestellen und ja, ich weiß auch, was ich zu sagen habe, wenn ich kein Kleingeld habe. Und ja, ich kann einen matschigen Weg alleine entlanglaufen, ohne alle 20 Meter auf die Nase zu fallen, Danke, ich brauche deine Hand nicht. Und ich muss nicht bei allem, was ich zum ersten Mal mache, wie ein Marktgang oder der Besuch des Internetcafes, begleitet werden.

Manchmal muss ich mich daran erinnern, dass diese scheinbar übertriebene Vorsicht ja nur nett gemeint ist. Und ja, zwei Wochen. Ich sage „schon“, aber die richtige Bezeichnung wäre wohl „erst“.

Nächste Woche bin ich von Dienstag bin Freitag im Buea, werde dort auch übernachten und hoffentlich mal etwas Zeit finden, um mich mit Manu und Sophia, den beiden Freiwilligen in Buea, zu treffen. ASYOUSED veranstaltet von Mittwoch bin Freitag einen Workshop, mit dem Inhalt, die Kommunikation zwischen den Counclers (eine Art Chef, der jeweils für ein Quartier der Stadt gewählt wird) und der Bevölkerung zu verbessern. Ich werde die anspruchsvolle Aufgabe der Sekretärin übernehmen. Ich freue mich wirklich darauf, wenn ich nächsten Monat mit meinem eigenen Projekt beginnen kann. Freitag Abend komme ich wieder zurück, um mich am Samstag dann wieder zusammen mit Paula auf den Weg nach Buea zu machen. Wir haben dort unser monatliches Treffen mit dem für uns zuständigen DED- Mitarbeiter und den Freiwilligen in Buea, um Erfahrungen auszutauschen und uns über ein bestimmtes Thema zu unterhalten, das wir bestimmen dürfen. Welches das sein wird, weiß ich aber auch noch nicht.

Das mit den Fotos ist ein kleines Problem. Das Hochladen dauert einfach zu lange. Ich werde nach einem Weg suchen, euch trotzdem ein paar Impressionen zukommen zu lassen. Auch wenn die Fotos auf keinen Fall das wiedergeben können, was ich hier zu sehen, zu riechen und zu fühlen kriege. Wie ich sagte: Vieles ist einfach immer noch ziemlich unwirklich.

Ach ja: die Kakerlaken sind verschwunden, dafür bevölkern jetzt Ameisen mein Zimmer. Ich habe eine Ameisen- kill- Sandale eingeführt, aber die schwarze Matsche auf dem Boden ist auch nicht gerade nett anzusehen. Auch den Mäusen geht es nach wie vor super. Ich hoffe, dass die kleine schwarze Katze bald eine große ist und gerne Mäuse frisst.

Bis dahin, alles Liebe!

Dienstag, 24. August 2010

Der alltägliche Alltag

Wow. Das Internet hat geschlagene 30 Minuten gebraucht, um diese Seite zu laden. Die letzten 30 Minuten meiner kostbaren Zeit werde ich nutzen, um euch mal wieder etwas an meinem Leben hier teilhaben zu lassen.

Ich habe es ja schon in meinem letzten Eintrag geschrieben: der Alltag stellt sich ein. Zumindest auf der Arbeit, wo diese Woche Report Writing angesagt ist. Das heißt, ich schreibe einen Report darüber, was ich diesen Monat so gemacht habe. Das kann ziemlich ermüdend sein, das sage ich euch!

Die letzte Woche war dafür umso spannender, wenn auch sehr, sehr anstrengend. Wir waren von Dienstag bis Freitag in unseren Workshop in Buea eingebunden. Das hieß um 6.00 Uhr aufstehen und gegen 23.00 schlafen. Dazwischen immer aufmerksam, immer da und immer 'powerful', wie mein Tutor so gerne sagt. Ich habe aber während dieser Zeit unheimlich viel gelernt, mit wichtigen Menschen gesprochen und den Bürgermeister von Buea zu meinem Kumpel gemacht. Nach dem Abendessen habe ich gefragt, ob ich mich neben ihn setzen darf und wir haben lange über Deutschland, Kamerun, Fußball und Schweine geredet. Es war eine total lockere Unterhaltung und ich habe mich nicht anders verhalten, als ich es tue, wenn ich mit nicht- Bürgermeistern rede. Als ich dann mal drauf geachtet habe, wie die anderen mit dem Bürgermeister umgehen und ich festgestellt habe, dass er mit einem unglaublichen Respekt behandelt wird, immer mit 'Sir Lord Mayor' angesprochen wird und sowieso sehr hohes Ansehen genießt, habe ich mich dann doch gefragt, ob mein Verhalten richtig war. Aber schlimm war es anscheinend nicht, dass ich den wichtigsten Mann von Buea à la Kumpel behandelt habe. Abends hat er mich noch angerufen, um mir zu sagen, wie gut er das Gespräch fand.

Nach den drei Workshoptagen war eigentlich geplant, dass wir alle zusammen nach Limbe zurückfahren, um dort zu feiern. Ich mag meine Kollegen zwar wirklich gerne, aber ich konnte einfach nicht mehr. Wir haben vier Tage einfach nur aufeinander gehockt und an dem besagten Freitag Abend hatte ich auch die Möglichkeit, in Buea zu bleiben, um dort andere Freiwillige zu besuchen.Als ich meinem Tutor dann eröffnet habe, dass ich lieber da bleiben möchte, wo wir waren, war er etwas enttäuscht, aber an dem Abend hätten meine Kollegen sicherlich keinen Spaß mit mir gehabt.

Also bin ich dann zu Sophia, einer DED- Freiwilligen und ihren Mitbewohnern, Nate und Caroline, zwei Amerikanern, die für ein halbes Jahr hier sind. Ich bin so neidisch auf die Art, wie die drei wohnen! Sie haben eine 6- Zimmer Wohnung, eine saubere Küche und vor allem sich. So eine WG bringt eine Menge Vorteile. Abends sind war dann in eine Bar, wo wir uns mit anderen Kamerunern und Amerikanern getroffen haben, von denen ich einige schon von einem Spaghetti- und Spieleabend am Donnerstag kannte. Es war ein toller Abend und ein tolles Wochenende. Ich will euch jetzt nicht bis ins Detail erzählen, was wir gemacht haben, wichtig ist nur, dass es mir unheimlich gut getan hat, mal rauszukommen aus meinem kamerunischen Alltag, der mir zwar gefällt, aber nicht immer ganz einfach ist. Es war toll, Sophia und auch Manu, den anderen DED- Freiwilligen in Buea, wiederzusehen und die Amerikaner sind unheimlich nett! Nächstes Wochenende kommen die vier nach Limbe. Hoffen wir mal, dass die Sonne scheint.

Am Wochenende hatten wir auch ein Treffen mit einem kamerunischen DED-Mitarbeiter, der für die Freiwilligen in der Süd- West- Region zuständig ist. Wir hatten ein langes Gespräch über unsere Arbeit, unseren Alltag, Probleme und Sorgen. Und ich habe erfahren, dass meine Gastmutter anscheinend umgerechnet schon circa 60 Euro vom DED bekommen hat, nämlich für Miete, Wasser und Strom. Mir hat sie aber gesagt, die hätte noch nichts bekommen, weshalb ich ihr ich ihr ungefähr 80 Euro gegeben habe. Das heißt, für diesen einen Monat stehen ihr für mich und meine Verpflegung circa 140 Euro zur Verfügung. Wovon ich nichts sehe. Ich habe gestern erst einmal mit meinem Tutor darüber gesprochen, der der Meinung ist, dass er lieber mit meiner Gastmutter reden sollte und dass ich kein Geld zurück verlangen darf. Mal abgesehen, dass sie das Geld wahrscheinlich sowieso schon ausgegeben habe. Okay. Und wofür bitte? Für Klamotten und neue Haare? Mein Argument, dass ich ihr fast mein ganzes Verpflegungsgeld gegeben und somit nichts mehr für mich habe, wollte er damit abschwächen, dass er mir einfach Geld für den Rest des Monats gibt. Da bin ich dann etwas sauer geworden. Ich werde heute selber mit der Frau reden und versuchen, das zu klären.

Meine kleine Katze ist da!Sie ist so klein und schwarz und braucht unheimlich viel Aufmerksamkeit. Einen Namen hat sie jetzt übrigens auch: Nobinu. benannt nach der Uni Bonn, rückwärts gelesen. Sehr einfallsreich, nicht wahr? Die Idee stammt von Sophia, die Uni Bonn aus Spaß von hinten gelesen hat und meinte, wir sollen unsere Katze doch so nennen. Gesagt, getan.

Ansonsten geht es mir gut. Ich mache viel mit Paula und arbeite viel. Ich gewöhne mich immer mehr an das Leben hier und fühle mich immer wohler und 'richtig'. Manche Taxifahrer kennen mich schon und wir schnacken eine Runde über das Leben und das Wetter, an die Mäuse habe ich mich auch gewöhnt und ich fange an, mein Lieblingsessen zu lieben. Denn dass ich vom Fleisch falle, Papa, darum musst du dir keine Sorgen machen!

Der nächste Blogeintrag wird folgen! Meine 30 Minuten sind fast rum. Ich vermisse euch und hoffe, in Deutschland ist alles so, wie ihr es gerne hättet!

Bis dahin, alles Liebe!

Mittwoch, 25. August 2010

Gedanken

Ich habe gerade das Gefühl, festzustecken. In einem Alltag, der immer normaler wird und in dem ich immer weniger Erfahrungen mache, die für mich etwas Neues und Aufregendes darstellen. Ich gehe morgens zur Arbeit, verbringe meine Mittagspause entweder im Office oder mit Paula in irgendeinem Restaurant, arbeite weiter, gehe nach Hause, esse etwas und verbringe den Abend dann entweder wieder mit Paula oder alleine. Ich schreibe mein Tagebuch, lese oder höre Musik. Ich fühle mich nicht direkt alleine, ich verstehe mich nach wie vor gut mit meinen Kollegen, aber es ist nicht leicht, wirkliche Freunde zu finden. An Angeboten mangelt es nicht; der Taxifahrer will mein Freund sein, der Verkäufer auf der Straße auch und der Liegen- Verleiher am Strand ist der festen Überzeugung, dass wir uns schon kennen, er nur bei unserem letzten Treffen vergessen hat, nach meiner Handynummer zu fragen. Es ist nur schwer zu unterscheiden. Unterscheiden zwischen denen, die mit mir „befreundet" sein wollen, weil sie meine Hautfarbe und die damit verbundene Exotik erforschen wollen (und ohne jetzt den Stereotypen herauskramen zu wollen: natürlich spielt auch das Geld eine Rolle. Weiße Haut wird hier nun mal meistens mit Reichtum verbunden) und denen, die ihre Hilfe und Nummer anbieten, weil sie tatsächlich an mir als Person interessiert sind, an Lea und nicht an der Weißen. Deswegen halte ich im Moment von machen Menschen noch Abstand, denen ich in Deutschland vielleicht tatsächlich meine Nummer gegeben und die ich ein weiteres Mal getroffen hätte. Ich habe dadurch nur andauernd das Gefühl, etwas zu verpassen, vielleicht eine Beziehung nicht einzugehen, die mir viel bringen könnte. Deswegen hat mir das Wochenende in Buea mit den anderen Freiwilligen auch so unheimlich gut getan, weil ich neue Leute kennen gelernt habe, denen ich sofort vertrauen konnte, zu denen ich schon nach einem Wochenende eine Beziehung aufgebaut habe, weil ich mich öffnen und so geben konnte, wie ich tatsächlich bin. Das soll nicht so klingen, als würde ich mich, wenn ich unter Kamerunern bin, in meinem Kokon verkriechen, niemandem in die Augen sehen und erst recht nicht mit Menschen reden! Ich unterhalte mich mit vielen Kamerunern, im Taxi, Zuhause, auf der Straße oder beim Brot kaufen. Aber es sind halt Smalltalk- Gespräche. Wer bist du, wo kommst du her, was machst du hier? „Do you enjoy Cameroon?“ Richtige Gespräche über andere Themen habe ich bisher wenige geführt, und wenn, dann mit einem meiner Kollegen. Ich habe auch das Gefühl, dass ich immer noch mit geschlossen Augen durch die Straßen laufe. Ich sehe zwar die Armut, die in manchen Teilen der Stadt herrscht, sehe die Kinder, die auf der Straße Essen verkaufen, um sich so ihr Schulgeld zusammen zu sammeln, weiß, dass die manche Haushalte keine Toilette, kein fließend Wasser und Strom haben, aber irgendwas hält mich davon ab, mich mit der Thematik auseinander zu setzen. Vielleicht ist es eine Art Selbstschutz, eine Barriere in meinem Kopf die mir sagt: denke da besser nicht drüber nach, das könnte dir zu schaffen machen. Aber deshalb bin ich doch hergekommen! Um mit meinen eigenen Augen zu sehen, dass eben nicht die ganze Welt so ist wie die, in der ich die letzten 18 Jahre behütet aufgewachsen bin. Um mir ein Bild davon zu machen, wie die Menschen hier leben, womit sie ihr Geld verdienen, was getan werden kann und muss, um die Lebensumstände zu verbessern. Ich habe das Gefühl, mir einen Panzer angelegt zu haben, um durch die Straßen gehen zu können, ohne das Neue, das Unbekannte und vielleicht auch das Unangenehme allzu sehr an mich heranzulassen. Ich habe mir für die Zukunft vorgenommen, diesen Panzer nicht abzulegen- denn ab und zu ist er recht nützlich, zum Beispiel, wenn man an einer Baustelle vorbei geht und sich alle Bauarbeiter an der Straße versammeln, um die weiße Frau anzugucken und ihr hinterherzurufen- aber ihn ab und zu aufzubrechen, wenn es nötig ist. Um mit einem offeneren Denken und Fühlen durch den Alltag zu gehen, um über Dinge nachzudenken, denen ich bisher teilweise aus dem Weg gegangen bin.

Ich habe immer wieder Phasen, in denen mir ein Jahr verdammt lang vorkommt. Ich habe in Noras Abschiedskarte geschrieben: ein Jahr, das sind 365 Tage. Genauer gesagt bin ich sogar nur 364 Tage hier. Wenn ich das Jahr in Tage aufteile, habe ich den Eindruck, dass es sehr, sehr schnell vorbei sein wird. Wenn ich mir dann überlege, was in diesem Jahr noch alles ansteht, was ich erleben werde und dass ich die ganze Zeit in dieser Organisation arbeiten und in meiner Unterkunft leben werde, kommt es mir sehr, sehr lang vor. Ein Jahr. Mal sehen, was es noch so bringt. Genau so wie sich meine Gefühle die Länge das Jahres betreffend nicht einig werden, geht es mir mit dem Heimweh. Gestern Abend habe ich Paula gezwungen, bei mir zu schlafen, weil ich nicht alleine sein wollte. Das hatte nicht direkt etwas mit Heimweh zu tun, nur brauchte ich jemanden um mich, der mich kennt und den ich kenne und mit dem ich reden kann. Ich vermisse meine kleine Schwester, meine Familie. Ich vermisse meine Freunde, will ihnen so viel sagen und schreiben und komme nicht dazu. Ich habe aber das Gefühl, dass gerade meine Freunde und ihr Leben in Deutschland, in Irland, in Australien oder auch bald in Uganda, unheimlich weit weg ist. Ich habe mein neues Leben hier und die Vorstellung, dass auch meine Freunde in allen Teilen der Erde ihr Leben weiter leben, neue Sachen erleben und Menschen kennen lernen, finde ich irgendwie...abstrakt. Das Leben außerhalb von Kamerun erscheint so weit weg, so fremd. Die Telefonate mit meiner Familie helfen mir sehr, dem kleinen Teil in mir, der in Deutschland geblieben ist, das zu geben was er braucht: die Stimmen meiner Familie, Geschichten aus ihrem Leben und Alltag. Ich muss nur aufpassen, dass der Teil in Deutschland nicht größer wird als der hier in Kamerun.

Trotzdem geht es mir nach wie vor im Großen und Ganzen gut. Auf der Arbeit ist gerade report- writing angesagt, ich bin mit meinem Report of the Month schon fertig und stelle Überlegungen an, wie ich mein eigenes Projekt, das nächsten Monat startet, auf die Beine stelle. Der Plan ist, dass ich einen Workshop zum Thema HIV/ AIDS organisiere, den ich an drei verschiedenen Schulen innerhalb von acht Wochen veranstalte. Jede Woche ist ein anderes Unterthema dran, das Montags und Dienstags vorbereitet und Mittwochs, Donnerstags und Freitags dann in die Schulen getragen wird. Ich freue mich auf die Arbeit, vor allem, weil mir sehr viel Freiheit gelassen wird, wie ich den Workshop durchführen möchte. Obwohl ich jetzt erfahren habe, dass ich das Ganze wohl doch nicht ganz allein machen werde, sondern dass Rita, eine kamerunische Freiwillige, die ungefähr so lange mit dabei ist, wie ich, mir helfen wird. Auch Basil wird viel mit dabei sein. Seine Begründung: „Die Qualität des Projekts muss gesichert werden." Ob das jetzt heißt, dass mir nicht vertraut wird und mir deswegen lieber zweifach auf die Finger geschaut wird, habe ich nicht nachgefragt.

Bis dahin, alles Liebe!

Dienstag, 31. August 2010

"That' s Africa!"

Wieder mal verbringe ich eine Pause im Internetcafé und versuche, mit der Außenwelt in Kontakt zu bleiben. Funktioniert nicht immer gut. Eine Stunde ist einfach nicht genug, um all den Menschen, die ich gerne habe,persönliche Nachrichten zu schicken. Also an alle, denen ich bis jetzt noch nicht geschrieben habe: gebt mir etwas Zeit, ihr seid auch bald dran!

Mir geht es, zumindest seelisch, gut. Die Arbeit ist gerade zwar etwas langweilig, weil ich die meiste Zeit entweder mit Lesen oder Solitär- spielen verbringe, aber auch hier ist Besserung in Aussicht. Nächste Woche geht es endlich los mit meinem Projekt, ich kann es kaum erwarten! Ich bin gespannt, wie die Jugendlichen mich auf- und annehmen und ob ich als unausgebildete Lehrerin von einem anderen Kontinent respektiert werde.

Besonders viel passiert ist seit meinem letzten Eintrag nicht. Am Wochenende waren die Freiwilligen aus Buea da, wir haben uns zu acht in mein Zimmer gequetscht und dort ein Matratzenlager veranstaltet. Am Samstag Vormittag haben wir einen kleinen Strand entdeckt, der zwar nicht so schön wie der große, dafür aber viel näher und praktischer zu erreichen ist. Von dem Regen haben wir uns bei unsere Badeaktion nicht stören lassen, nass waren wir ja sowieso schon. Abends haben wir alle zusammen Unmengen an Spaghetti gekocht, sind dann noch in eine Bar und um zwei Uhr nachts ins Bett gefallen. Ich bin nach einer Sekunde eingeschlafen, so spät war ich in meiner gesamten Kamerun- Zeit noch nicht im Bett. Schlafenszeit ist normalerweise spätestens um zehn, was auch daran liegt, dass ich einfach nicht länger als sieben schlafen kann, weil die Nachbarn entweder Partys feiern, ihren Fernseher aufdrehen, oder sich über 10 Zäune unterhalten. Aber sollen sie' s ruhig machen, dann hab ich mehr vom Tag. Die kamerunischen Fenster lassen sich nämlich nicht schließen, was eigentlich ganz praktisch ist, die frische Luft betreffend. Am Sonntag morgen waren wir alle nicht wirklich frisch (an den Genuss von Wein ist der Körper einfach nicht mehr gewöhnt...), sind aber tapfer zum Treffen mit Freunden zum Brunchen geschlurft. Nachdem die Anderen wieder in Richtung Buea aufgebrochen sind, habe ich den restlichen Tag irgendwie verschlafen bzw. vergammelt, Wäsche gewaschen und die Wäsche von letzter Woche gebügelt. Die war dann nach sechs Tagen nämlich auch mal trocken. Und Unterhosen und Socken bügeln ist eine der langweiligsten Dinge, die man hier machen kann! Aber was tut man nicht alles gegen die bösen Mangofliegen. Das Wochenende war auf jeden Fall sehr schön, leider mal wieder zu kurz. Meine

Motivation, am Montag wieder zur Arbeit zu gehen, war dementsprechend gering, weil ich die gesamte letzte Woche dort im Grunde nur herumgegammelt habe. Der Montag war dann aber doch sehr gut, ich habe viel über HIV/ AIDS gelernt und eine wirklich sehr interessante Diskussion mit meiner Kollegin über Stigma geführt. Gibt es das Wort auch im Deutschen? Langsam verliere ich meine deutschen Sprachkenntnisse. Dummerweise kommen die Englischen nicht schnell genug nach, weswegen ich gerade in einem kleinen Kommunikationsloch hänge.

Gestern und heute hat sich mein Körper gemeldet und mir mit Magenkrämpfen und Schlappheit zu verstehen gegeben, dass er die Nahrung hier immer noch nicht so toll und das Wochenende zu hektisch fand. Ich werde heute wohl mal einen Gang runterfahren, mich auf mein Bett legen und Dracula weiterlesen. Ein wirklich sehr spannendes Buch, kann ich nur empfehlen!

Ich habe jetzt mal eine Bitte an alle, die Interesse haben: Auf meinem Vorbereitungsseminar haben wir uns sehr viel mit Vorurteilen und Stereotypen beschäftigt; ein Thema, das ich sehr interessant und wichtig finde. Ich bin jetzt schon seit fünf Wochen hier in Kamerun, Afrika, und kann mich nicht mehr wirklich daran erinnern, mit welchen Stereotypen ich hierher gekommen bin, und wenn doch, ist mein Blickwinkel einfach schon zu kamerunisch, als dass ich "unvoreingenommen" meine Vorurteile überprüfen könnte. Ich würde mich sehr darüber freuen, wenn ihr mir vielleicht eure Ideen, Bilder und Gedanken schreiben könntet, die euch in den Sinn kommen, wenn ihr über Afrika im Allgemeinen, vielleicht aber auch über Kamerun im Speziellen nachdenkt. Ich würde gerne einen Blogeintrag u.A. zu diesem Thema schreiben und bin über jeden Denkanstoß dankbar! Ihr könnt entweder hier einen Kommentar hinterlassen, oder mir eine Mail schreiben. Wie ihr wollt. Auch, wenn euch ein besonderes Thema interessiert, aus meinem Leben oder dem kamerunischen Alltag, schreibt mir gerne. Ein großes

Dankeschön im voraus!

Ich denke immer wieder darüber nach, wie ich mich in diesem Jahr wohl verändern werde. Ob ich erwachsener, selbstständiger, ernster, offener, selbstbewusster, gelassener werde. Oder ob ich einfach so bleibe, wie ich vor meiner Ausreise war, nur etwas sonnengebräunter und mit einem anderen Zeitverständnis wiederkomme. Ich war die mit die jüngste auf meinem Vorbereitungsseminar und bin die jüngste Freiwillige hier in Kamerun. Ich werde im Januar 19 und empfinde das, seit ich hier bin, entweder als extrem alt oder halt als extrem jung. Ich empfinde 19 als alt, wenn ich eine junge Mutter sehe, vielleicht noch jünger als ich, die mit ihren zwei Kindern Essen auf dem Markt einkauft. Oder wenn ich die Kinder sehe, die jeden Tag durch die Straßen laufen, um Eier, Gebäck oder Fleisch zu verkaufen, um so ihr Schulgeld zusammen zu kriegen. Aber letztens habe ich dann ein Gespräch mit einem Kameruner gehabt, der es gar nicht fassen konnte, dass ich mit 18 schon mein Zuhause, meine Freunde und vor allem meine Familie verlassen habe. Die Familie spielt hier eine wirklich sehr große Rolle, man wohnt oft in mehreren Generationen, oft auch mit Cousin und Cousine, Tante und Onkel zusammen, man hilft und unterstützt sich wann immer jemand ein Problem hat. Dass jemand mit 18 "nur für sich einfach so abhaut" (so die Beschreibung des Kameruners für mein Auslandsjahr), ist unvorstellbar. Ich bin aber stolz auf mich, diesen Schritt nach Afrika gemacht zu haben und bereue ihn auf keinen Fall! Ich habe schon nach vier Wochen hier in Limbe das Gefühl, gewachsen zu sein an dem, was ich hier täglich erlebe und bewältige. Auch wenn es in meinem Blog, wie zum Beispiel in dem letzten Eintrag, ab und zu vielleicht so wirkt, als würde es mir schlecht gehen: natürlich geht es mir nicht immer gut. Aber meistens. Wenn alles immer nur Friede, Freude, Eierkuchen wäre, würde hier irgendetwas nicht stimmen. Das würde heißen, dass ich mich mit all den neuen Eindrucken und Gedanken hier nicht beschäftigen wurde, mich abkapsle. Und gerade das versuche ich ja zu vermeiden. Ich bin glücklich hier, habe eine wirklich sehr, sehr gute Freundin in Paula gefunden, mit der ich über alles sprechen kann, habe nette Kollegen und eine Arbeit, die zwar nicht immer superspannend ist, aber spannend zu werden verspricht. Und ich habe Kamerun, zu dem ich eine immer intensivere Beziehung aufbaue. Natürlich habe ich auch Heimweh, aber das ist, denke ich, normal. Ich bin jetzt so lange von meiner Familie getrennt wie noch nie und auch daran muss man sich erstmal gewöhnen.

So, ich komme zum Schluss und bin Blogger sehr dankbar dafür, dass die Einträge hier automatisch in den Entwürfen gespeichert werden. Der Strom ist gerade mal wieder ausgefallen und ich habe gestöhnt, weil ich dachte, meine Arbeit der letzten Stunde sei umsonst gewesen. Der Kommentar der Cafe- Besitzerin: "That's Africa!". Ja, ich weiß. Und trotz Stromausfällen, lauten Nachbarn, Mäusen und Ameisen, verrückten Taxifahrern und Regenfällen: ich liebe es. Oder gerade deswegen.

Bis dahin, alles Liebe!

Montag, 13. September 2010

Regen, Regen und noch mehr Regen. So sieht es heute schon den ganzen Tag aus. Dabei hatte ich mir schon Hoffnungen gemacht, dass die Trockenzeit diesen Monat vielleicht mal etwas verfrüht einsetzt. Tja, falsch gehofft. Aber man merkt, dass die Regenzeit dem Ende zu geht. Die trockenen Tage häufen sich und sogar in dem dauerregnerischen Buea hat die Sonne dieses Wochenende mal vorbei geschaut! Dort habe ich nämlich den letzten Samstag und Sonntag verbracht. Am Montag hatte Julius das ganze Team zu einer Feierei eingeladen, deren Namen ich mir nicht merken konnte. Es wurde gefeiert, dass die Witwe von Julius' Onkel, der vor genau einem Jahr gestorben ist, ihre schwarzen Klamotten ablegen darf, die sie seitdem getragen hat. Das ist kein trauriges Fest, im Gegenteil; es wird gelacht, getanzt, getrunken und gefeiert. Sowohl die Witwe, als auch das Leben des Toten. Julius hatte mir gesagt, dass das Ganze so gegen 12 starten würde. Paula, die mitgekommen ist, und ich waren dann gegen die Zeit in Buea und haben erst einmal unsere Sachen zur Buea- WG gebracht, in der wir auch die Nacht verbracht haben. Wir waren schon etwas spät dran, aber auch wir gewöhnen uns langsam an die so genannte "black man time". Also an das Nicht- einhalten von zeitlichen Vorgaben. Als ich Julius dann angerufen habe, hat er mir gesagt, wir sollen doch so gegen vier kommen. Ja okay. Es wurde letztendlich aber doch sechs Uhr und nach einem kleinen großen Umweg (der Taxifahrer hat unser Ziel irgendwie nicht verstanden und uns an den Popo der Welt zu nebligen Teeplantagen gebracht. War aber sehr schön da!)sind wir dann doch bei der Feierei eingetroffen. Die war aber schon fast vorbei und Paula und ich haben nur noch das restliche Essen abgestaubt und mussten dann leider schon wieder weg. Ich fand's sehr schade, weil ich eigentlich gehofft hatte, an diesem Wochenende meine erste richtige kamerunische Feier erleben zu können. Aber vielleicht bietet sich die Gelegenheit ja noch.

Am Sonntag sind Paula, Manu und ich dann den ersten kleinen Teil des Mount Cameroon erstiegen. Das war so unglaublich schön und so unglaublich anstrengend! Es ging sehr lange sehr steil hoch, aber es hat sich gelohnt. Wir waren im Regenwald, im echten Regenwald, im Nebel und mit nichts um uns herum als Vogelstimmen und zirpenden anderen Tieren. Wir haben uns eingebildet, Affen zu hören und es einfach nur genossen. Wir hatten auch keinen Regen (!), teilweise sogar Sonne und unheimlich schönes Licht. Wir sind an einem Baum vorbeigekommen, der bestimmt 300 Jahre alt und vermost, verwachsen und wunderschön war. Wir haben über eine halbe Stunde bei diesem Baum verbracht und einfach nur genossen. Der Regenwald ist irgendwie schon so, wie man ihn sich immer vorstellt, wenn man Fotos anschaut, aber Fotos spielen dir nicht die Geräusche vor, die du dort hörst und sprühen dir nicht den Geruch in die Nase, der im Regenwald herrscht. Wir waren zwar nicht im wirklich tiefen Wald und haben teilweise sehr deutlich die Eingriffe des Menschen sehen können, meistens in Form von Plantagen, aber es war trotzdem so, so schön. Und es hat gut getan. Nicht nur dem Körper, dem endlich mal wieder eine Herausforderung geboten wurde, sondern auch der Seele, die sich mal wieder so richtig entspannen konnte. Ich freue mich schon so sehr darauf, wenn wir den ganzen Berg erklimmen! Vielleicht sehen wir ja einige Elefanten, die noch weiter oben leben. Zurück in der WG haben wir uns noch eine halbe Stunde hingelegt und sind dann zurück nach Limbe. Paula und ich waren beide etwas fertig, aber im positiven Sinne und freuen uns jetzt auf nächstes Wochenende, wenn wir mit der Buea- WG nach Kumba fahren, eine Stadt weiter Nord- westlich, die sehr schön sein soll.

In meine Arbeit kommt auch langsam Bewegung. Heute haben ich zwei der drei Schulen, mit denen ich ab nächster Woche arbeiten werde, besucht und mich den Schülern vorgestellt. In der ersten Schule war das während der montaglichen Versammlung, wo nicht nur die Anwesenheit, sondern auch die Schuluniform, die Lipgloss-freien Lippen und die Sauberkeit der Schuhe kontrolliert wurde. Erfüllte das Aussehen nicht den Erwartungen, wurde eine Strafe ausgehängt, zum Beispiel den Boden schrubben, oder die Teller vom Mittagessen spülen. Ich fand den Umgangston ziemlich hart, aber mein Tutor meinte, das sei normal. Nun gut. In den nächsten Wochen werde ich da wohl noch mehr von mitkriegen. Ich habe den Schülern kurz erzählt, wer ich bin und was ich mache und alle haben mich einfach nur angeguckt und zugehört. Dann musste ich relativ schnell weiter zur nächsten Schule, wo ich 45 Minuten mit einer der Klassen hatte, mit denen ich arbeiten werde. Ich war alleine da, weil meine Kollegin, die eigentlich mit mir an dem Projekt arbeiten, krank ist. Ich hatte aber merkwürdigerweise gar keinen Bammel davor, mit lauter Kindern alleine in einem Raum gelassen zu werden und habe das Ganze auch ganz gut gemeistert. Auch wenn viele von den Schülern sehr, sehr schüchtern und ihre Stimmen dementsprechend leise sind. Aber das sind nun mal auch die Kleinsten, nämlich zwischen 8 und 12, und am Ende der Stunde hatte ich das Gefühl, dass sie schon etwas aufgetaut sind. Was vielleicht auch daran lag, dass ich mich habe überreden lassen, ein paar Sätze auf Deutsch zu sagen, was für allgemeine Erheiterung gesorgt hat.

Ich habe auch kurz mit ihnen über das Thema meines Workshops, nämlich über HIV/AIDS, STIs (sexually transmitted infections) und TPs (teenage pregnancies) gesprochen und war sehr überrascht über die tatsächlich nur sehr geringen Kenntnisse. Natürlich sind diese Kinder auch noch sehr jung, aber die Meinung, dass HIV über das Teilen von Zahnbürsten übertragen wird, wurde vom Großteil der Schüler unterstützt. Die Arbeit wird auf jeden Fall hart, aber auch sehr, sehr spannend. Ich habe mich dann noch kurz in zwei anderen Klassen vorgestellt und bin dann wieder ins Office gefahren, um meinen Report zu schreiben. Das report-writing ist hier auch so eine Sache. Für wirklich JEDE Aktivität muss ein Report geschrieben werden. Für jedes Meeting, jede Stunde in der Schule, für alles, was auch nur ansatzweise mit meinem Projekt zu tun hat. Weil, wie mein Tutor mir jeden Tag sagt; "Wenn man keinen Report schreibt, ist es so, als hätte man keine Arbeit gemacht. Da kann man auch gleich nichts machen." Also schreibe ich fleißig und werde am Ende meines Projekts dann wohl um die 50 Reporte getippt haben.

Mein Englisch wird auch langsam. Auch, wenn sich meine Aussprache nach einer komischen Mischung aus dem deutschen, dem kamerunischen, dem britischen und einem nicht identifizierbaren Akzent anhört, spreche ich mittlerweile so, dass ich meistens nicht mehr über das nachdenken muss, was ich sagen möchte und Depressionen, weil ich mich nicht ausdrücken kann, wie ich sie am Anfang des Öfteren erlebte, habe ich auch nicht mehr. Dafür verliere ich langsam aber sicher mein Französisch! Als ich vor ein paar Tagen mit einem Kameruner gesprochen habe, der tatsächlich kein Englisch, sondern nur Französisch konnte, bin ich verzweifelt. Mir sind so viele Wörter nicht eingefallen und meine Grammatik kam mir auch sehr komisch vor. Dem muss ich unbedingt entgegenwirken! Ich habe einen netten Kameruner kennen gelernt, der sich als Künstler bezeichnet und eine Art Musiker- Tänzer- Künstler ist. Und eine Gitarre besitzt! Die Musik fehlt mir sehr hier. Zwar ist hier überall Musik, aber hören und selber machen ist dann doch ein Unterschied. Ich wurde zu einer Jam-session eingeladen und werde wohl mal vorbeischauen. Und nebenbei noch etwas meine schwacher werdenden Französischkenntnisse auffrischen.

Ansonsten geht es mir gut. Auch gerade durch die besser werdenden Sprachkenntnisse und dadurch, dass ich immer mehr Leute einfach auf der Straße grüßen kann und mittlerweile gelernt habe die " Whiteman!" oder die nervigen " Baby! Beautiful girl! Come here!"- Rufe ausblenden zu können, habe ich ein immer stärker werdendes Gefühl von Integration. Auch wenn ich immer noch ein Problem damit habe, kamerunische Freunde zu finden, meine ich doch, dass ich meinem Gefühl, wer was von mir will, immer besser vertrauen kann. Auch zu Hause ist es in Ordnung. Ich sehe meine Unterkunft mittlerweile nicht mehr als Gastfamilie an, weil das, was ich dort erlebe, oder eben nicht erlebe, auf keinen Fall Familienleben ist. Ich nehme mein Leben dort als Untermieter- Leben war. Ich bin in meinem Zimmer, bekomme Essen und bezahle dafür. Das ist irgendwie einfacher, als wenn ich die ganze Zeit auf der Suche nach einem Familienleben bin, das ich dort wohl so nie vorfinden werde. Meine "Gastmutter" ist die meiste Zeit weg und wenn sie mal da ist, gehe ich ihr meistens aus dem Weg, weil ich ihre Anwesenheit einfach als unangenehm empfinde. Sie ist sehr laut und radikal in dem, was sie tut und geht in meinen Augen sehr rabiat mit ihrem Sohn um. Ich habe sie noch nie mit gesenkter Stimme sprechen gehört. Das hört sich vielleicht böse an, aber mir geht es einfach besser, alleine oder mit Leuten, deren Anwesenheit ich genieße, in meinem Zimmer zu sein. Mir geht es nicht schlecht mit der Situation, wie sie jetzt ist. Zwar machen mich die Erzählungen von anderen Freiwilligen, wie toll ihre Gastfamilien oder WGs sind, schon neidisch, aber man kann ja nicht alles haben.

Heimweh habe ich ab und zu natürlich auch mal, aber es hält sich in Grenzen. Letzten Dienstag hatte ich meinen bisherigen Tiefpunkt, als eine Erkältung und Vermissungs- Gefühle zusammengekommen sind und zu einem Tränenfluss auf der Arbeit gesorgt haben. Ich war übermüdet, krank und hatte das erste Mal in so einem Zustand meine Familie nicht um mich. Das war kein gutes Gefühl und der Albtraum in der Nacht hat dem nicht unbedingt Positives beigetragen. Ich habe anfangs versucht, meine Tränen zu unterdrücken, was aber so gar nicht funktioniert hat und als mein Kollege Roland mich dann draußen weinend aufgefunden hat, haben wir lange geredet und das hat sehr gut getan. Ich habe gemerkt, dass er und auch die anderen Kollegen für mich da sind. ich wurde dann gezwungen, nach Hause ins Bett zu gehen und nach drei Stunden Schlaf und Anrufen von meinen Kollegen, ob es mir wieder besser geht, sah die Welt schon ganz anders aus. Trotzdem habe ich meiner Familie jetzt verboten, drei mal in der Woche anzurufen, weil ich das Gefühl habe, so meinen Kopf und meine Gedanken nicht wirklich im Hier und Jetzt halten zu können. Trotzdem ist der Kontakt nach Hause sehr wichtig und tut mir auch sehr gut! Er darf nur nicht so groß werden.

So, jetzt zu den Fotos: ich habe es hingekriegt, sie zu verkleinern, und versuche gerade eifrig, sie hochzuladen. Funktioniert irgendwie nicht. Ich hoffe, das klappt noch in der nächsten halben Stunde und wenn nicht, setze ich mich da wann anders mal ran.

So, das war mal wieder ein kleiner Einblick in mein Leben hier. Ich erlebe so viel und vergesse immer die Hälfte, wenn ich dann mal zum Blogschreiben komme. Und verzeiht mir die Rechtschreibfehler, ich verbringe meine Zeit lieber mit Tippen als damit, mir das Geschriebene noch einmal durchzulesen. Ich hoffe, es geht euch allen gut, wo auch immer ihr euch gerade so aufhaltet!

Bis dahin, alles Liebe!

Freitag, 24. September 2010

Ein ganz normaler Tag

Der Handywecker klingelt um 7.00 Uhr, ich bin aber schon wach. Die Nachbarn und vielleicht auch noch der innere Wecker aus der schon so weit entfernten Schulzeit lassen mich ab 6.30 Uhr selten weiterschlafen. Ich bleibe noch etwas im Bett liegen und freue mich, dass die Sonne scheint. Die Regenzeit geht langsam aber sicher dem Ende zu, auch wenn es noch über einen Monat dauern wird, bis man tatsächlich von der Trockenzeit sprechen kann. Aber zwischen den Regen mischen sich schon sonnige, heiße Tage, die unserer weißen Haut schon den einen oder anderen Sonnenbrand verpasst hat. Schwarz müsste man sein. Ich befreie meine Beine aus dem Bettlaken, stehe auf, knote das Moskitonetz zusammen und mache mein Bett. Das Zimmer sieht so viel gemütlicher aus, auch wenn der Klamottenberg auf einem meiner zwei weißen Plastikstühle mir sagt, dass bald mal wieder waschen angesagt ist. Ich seufze und betrachte die große Blase auf meinem Mittelfinger, die ich mir an meinem letzten Waschtag eingefangen habe. Das brutale Schrubben befreit meine Sachen zwar von Dreck und Schimmel, hat mir aber schon die eine oder andere Kriegsverletzung eingebracht. Ich hole frische Klamotten aus meinem Koffer, den ich als Kleiderschrank benutze, weil die Schimmelgefahr in dem echten Schrank noch größer ist, als sowieso überall. Dann gehe ich ins Bad, freue mich über das fließende Wasser und mache mich fertig. Im Kühlschrank finde ich Brot, keine Eier, die haben Paula und ich am Abend zuvor mit Unmengen an Maggi (ist da eigentlich ein Suchtstoff drin?) vertilgt. Die schwierigste Entscheidung des Morgens steht an: Marmelade oder Tartina,? (Die Nuss- Nougat Creme, in der ganz sicher ein Suchtstoff ist) Ich entscheide mich für Marmelade, vertilge das Brot, wasche meinen Teller und die Reste vom vorherigen Abend ab, hole meine Tasche aus dem Zimmer und mache mich auf den Weg. Auf der Terrasse treffe ich Stephanie, die Tochter von Bekannten meiner Gastmutter,

Enanga, die zu arm sind, um sie zur Schule schicken zu können. Die Abmachung ist, dass sie bei uns im Haushalt mithilft, auf den kleinen Jungen aufpasst und meine Gastmutter ihr dafür das Schulgeld bezahlt. Stephanie hilft und hilft, rennt, wenn Enanga schreit und macht und tut. Aber zur Schule geht sie nicht. Ich grüße sie, sie wünscht mir einen schönen Tag. Draußen auf der Straße winkt mir die Kiosk- Frau von gegenüber, die mir hin und wieder eine Orange schenkt, wenn ich zu ihr komme, um mein Handykredit aufzuladen. Heute habe ich Glück, denn nach einer Minute des Laufens kommt an Taxi von hinten, hupt und ich steige ein. Ich lasse mich zur Arbeit fahren, nach fünf Minuten bin ich da, steige aus und warte auf das Wechselgeld vom Taxifahrer. Der gibt mir 50 Francs zu wenig wieder, aber ich bin nun mal schon etwas länger hier und kenne die Preise. Ich strecke fordernd meine Hand durchs Fenster, der Fahrer lacht, sagt „Sorry!“ und gibt mir mein Geld. Ich bedanke mich und laufe den steinigen, heute zum Glück nicht matschigen Weg hinauf zum Office. Ich sehe, wie meine „Bananenfrau“ ihre Ware auspackt und freue mich schon jetzt auf die Mittagspause und die Bananen, die hier irgendwie besser schmecken als in Deutschland. Das Office ist schon offen, Basil, mein Chef und Tutor, ist da, die anderen kommen, wie fast immer, etwas oder auch etwas mehr zu spät. Ich beginne damit, das Material für den heute anstehenden Schulbesuch vorzubereiten, das Thema ist „Detection, spread and risky behaviors“. Nachdem meine Kollegen dann auch alle eingetrudelt sind, machen Rita und ich uns auf den Weg zu der Schule, mit der wir heute arbeiten. Die Stunde läuft gut, die Schüler sind interessiert und machen mit. Auch, wenn die Meinung, dass HIV durch gemeinsames Benutzen von Tellern übertragen wird, sehr weit verbreitet ist, habe ich das Gefühl, etwas von meinen Kenntnissen weitergeben zu können und die Schüler zu erreichen. Am Ende der Stunde werde ich noch etwas für mein Englisch gedisst, das sich irgendwo zwischen dem Britischen, Deutschen und Kamerunischen Akzent bewegt, aber die Lacher sind nett gemeint und ich gehe ausgelaugt, aber zufrieden in die Mittagspause. Ich treffe Paula am Old Market, wo wir uns Bananen und Ananas kaufen und wir machen uns auf den Weg zum Down Beach, das heißt zum Meer. Auf dem Weg schauen wir noch im Supermarkt vorbei, wo wir uns zwei Joghurts gönnen. Die Down Beach Road, die zum Strand führt, ist wie immer belebt und bunt. Die Motos schlängeln sich mit einer wahnsinnigen Geschwindigkeit zwischen den hupenden Taxen hindurch, rechts und links am Straßenrand stehen kleine Stände, wo man Lollis, Orangen oder Handykredit bekommen kann und die MMs, wie ich die Muffin- Männer nenne, schieben ihre blauen Wagen mit dem leckeren Gebäck durch die Gegend und hoffen auf Kundschaft. Ich habe mich an die Blicke und Rufe gewöhnt, die uns folgen, wo immer wir auch hingehen. Obwohl es in Limbe verhältnismäßig viele „Whitemen“ gibt; man fällt auf. Am Down Beach setzen Paula und ich uns auf eine der weißen Bänke, genießen unser Mittagessen und unterhalten uns über unseren bisherigen Arbeitstag, über anstrengende Tutoren und über die neuen Freiwilligen, die vor ein paar Tagen angekommen sind und die wir endlich kennen lernen wollen. Gegen zwei machen wir uns wieder auf den Weg in unser jeweiliges Office, so genau nehmen wir die Arbeitszeiten auch nicht mehr und dass ich 10 Minuten zu spät komme ist überhaupt kein Problem. Auf dem Weg treffe ich Nick, über den ich hoffentlich in den nächsten Tagen an eine Gitarre komme. Nick ist Musiker, schreibt Songs und will eigentlich Paula Gitarrenunterricht geben. Als ich dann aber eine kleine Session mit Nick gestartet habe, haben wir festgestellt, dass er gut singen kann, seine Gitarrenkünste sich aber auf vier Akkorde beschränken. Deswegen werde ich den Unterricht wohl übernehmen, wenn das mit der Gitarre hoffentlich klappt. Nick fragt mich, wann wir das nächste Mal musizieren und ich verspreche, ihn anzurufen. Im Office angekommen gehe in den Computerraum, wo Roland seit fünf Stunden an seinem Report arbeitet. Ich biete ihm ein Stück von meiner soeben erstandenen Schokolade an und freue mich darüber, wie so ein kleines Geschenk sein müdes Gesicht zum Lächeln bringt. Wir reden kurz, dann lasse ich Roland weiterarbeiten und mache mich an meinen eigenen Report. Der ist nach einer Stunde geschafft und den Rest der Arbeitszeit verbringe ich mit Solitär und John Mayer. Um kurz nach fünf mache ich mich auf den Weg zum New Market, wo ich nach Stoff für ein neues Kleid gucken möchte. Ich finde einen Stand mit schönen Stoffen und einem netten Verkäufer. Seine Nachbarin, die Fisch verkauft, kommt vorbei und die beiden versuchen mir bei der schwierigen Entscheidung für einen Stoff zu helfen und lachen über meine Unentschlossenheit. Letztendlich habe ich zwei Stoffe vor mir und entscheide mich für den rechten. Er ist sehr bunt; blau, orange, pink. Gewagt. Ich verabschiede mich mit dem Versprechen, mal vorbeizuschauen, wenn das Kleid fertig ist und fahre mit dem Taxi zu der Schneiderin, bei der ich mir schon mein erstes Kleid habe machen lassen. Sie freut sich über den neuen Auftrag und meint, in vier Tagen fertig zu sein. Dann fahre ich nach Hause. Im Taxi habe ich ein interessantes Gespräch dem Fahrer, der mich wohl schon einmal gefahren hat- ich erinnere mich nicht mehr an ihn, dafür fahre ich einfach zu viel Taxi- und der mir erzählt, dass er die Möglichkeit hätte, nach Amerika zu gehen und dort zu arbeiten, aber lieber in Kamerun bleiben möchte, weil ihm die Amerikaner unsympathisch sind. Ich bin überrascht, die meisten Menschen, mit denen ich rede, wollen unbedingt raus aus ihrem Land. Zu Hause verziehe ich mich in mein Zimmer, schreibe Tagebuch, höre Musik. Dann schaue ich in der Küche nach, was es heute zu essen gibt: Eru. Lecker. Paula kommt vorbei und zusammen gucken wir zwei Folgen „Lost“, die Staffel habe ich mir von Julius ausgeliehen. Danach reden wir noch etwas, aber dann muss Paula los, immerhin ist es schon neun und die Motos in meiner Wohngegend werden von Minute zu Minute rarer. Ich bringe sie raus auf die Straße und wir warten auf ein Moto mit Rücklicht, von denen es heute merkwürdigerweise relativ viele gibt. Paula steigt auf, winkt, „Bis morgen!“ Ich gehe zurück ins Haus, ins Bad, putze mir die Zähne, befestige mein Moskitonetz und lege mich ins Bett. Schräg, ich bin zu lang um gerade zu liegen, irgendwie sind die kamerunischen Betten kürzer. Mein Blick fällt auf den Klamottenberg, der immer noch auf Wasser und Seife wartet. Während ich darüber nachdenke, dass ich das morgen dringend erledigen muss, schlafe ich ein. Um am nächsten Tag wieder aufzuwachen, in Limbe, Kamerun.

Bis dahin, alles Liebe!

Dienstag, 12. Oktober 2010

Der Berg und ich

Ich dachte ja eigentlich, ich wüsste, was es heißt, Muskelkater zu haben, aber was sich im Moment in meinen Muskeln abspielt ist kein Kater, sonder eine ganze Horde wild gewordener Löwen. Am Sonntag war ich auf dem Berg. Nicht nur für ein paar Stunden, sondern den ganzen Tag. Aber von vorne: Jean Claude, der zuständige DED- Mitarbeiter für die Freiwilligen in der Süd- West Region, hat eine eigene kleine Organisation, die an einer internationalen Aktion teilgenommen hat, die unter anderem dem global change entgegenwirken soll. Die Idee war, kleine Öfen auf den Berg zu bringen, bis zur Hut 2 auf 2850 Metern, dem Rast- und Übernachtungsplatz für die Touristen und Träger, die bis auf den Gipfel wollen. Dort wird dann auch gekocht und dafür wird nun mal Feuerholz benötigt. Das Holz wird vor Ort geschlagen, weshalb die Baumgrenze sich immer weiter nach oben verschiebt. Die Öfen sollen dem entgegenwirken, da durch deren Benutzung um Längen nicht so viel Feuerholz verbraucht wird wie für ein offenes Feuer. Jannis, Conny (die beiden neuen Freiwilligen in Limbe), Paula und ich haben uns am Samstag morgen mit Jakob und Theresa aus Buea hier in Limbe getroffen; die Beiden waren mit ihrem Tutor und dessen Freunden hier, um an den Strand zu fahren und haben uns netterweise mitgenommen. Wir haben einen tollen Tag am Strand verbracht, den auch der einsetzende Regen nicht zerstören konnte. Wir waren ja sowieso schon nass :) Abends haben wir uns bei der Buea- Lea (ich bin die Limbe- Lea) getroffen, Obstsalat gegessen und Werwolf gespielt. Nach einem Getränk in der Bar nebenan sind wir dann in die WG von Theresa und Jakob gefahren und nach einer interessanten Diskussion über das deutsche Bildungssystem- ich weiß auch nicht mehr, wie wir darauf gekommen sind- ins Bett gegangen, um uns am Sonntag Morgen um 7.15 Uhr mit den anderen

Freiwilligen, Jean Claude und einigen Trägern und Guides am Fuß des Mount Cameroon zu treffen. Ich bewundere die Träger sehr dafür, wie sie die Öfen, die jeweils bestimmt 10 Kilo wiegen, entweder auf dem Rücken oder auf dem Kopf den Berg hochgeschleppt haben und teilweise trotzdem schneller waren als wir, die nur ihre Wasserflaschen auf dem Rücke hatten. Wir waren circa 25 Leute und haben uns in einer langen Schlange um halb acht auf den Weg gemacht. Die Schlange hat sich aber sehr schnell aufgelöst, da wir doch alle sehr unterschiedliche Tempi hatten. Gegen zwei waren wir an der Hut 2. Wir hatten kaum Pausen, und wenn, dann sehr kurze gemacht, weil wir ja vor Einbruch der Dämmerung wieder unten sein mussten. Vor allem die Strecke zwischen der Baumgrenze und Hut 2, für die wir circa zwei Stunden gebraucht haben, war besonders hart. Die Gegend dort ist sehr, sehr steil, etwas savannenartig und steinig. Irgendwann hat es dann angefangen zu regnen und wir waren nicht nur super erschöpft, sondern auch bis auf die Knochen durchnässt. Den letzten Kilometer bin ich mit Lea gelaufen, oder eher gekrochen und als die Hütte durch den Nebel endlich in Sicht kam, war das Gefühl der Erleichterung doch sehr groß. Wir haben die Öfen im Hut 2 gelassen, mehr oder weniger erfolgreich versucht, uns an einem Feuer aufzuwärmen und haben uns dann nach der kurzen Pause wieder an den Abstieg gemacht. Der war erstaunlicherweise nicht so hart wie erwartet und ging gefühlt auch viel schneller vorbei als der Aufstieg. Auch, wenn wir uns nur eine kleine Pause erlauben durften, um nicht in völliger Dunkelheit unten anzukommen. Trotz schlotternder Knie und Müdigkeit waren wir doch alle sehr stolz auf uns und alle Bergsteiger haben sich dann am Abend noch in einer Bar bei Cola bzw. Bier und leckerem Essen gestärkt. Gegen neun Uhr sind wir dann wieder in die WG gefahren und totmüde ins Bett gefallen. Montag Morgen mussten wir um sechs aufstehen, um nach Limbe zu fahren und wieder in den Arbeitsalltag einzusteigen. So müde und erschöpft war ich hier glaube ich noch nie. Durch die Kälte und Nässe oben auf dem Berg habe ich mir eine Erkältung eingefangen und die Muskeln haben sich auch schon gemeldet. Heute ist die

Erkältung zwar schon besser, aber die Muskeln, die Muskeln... Ai. Trotzdem freue ich mich schon auf das Wochenende im Dezember, wenn wir bis auf den Gipfel klettern, vor allem, weil ich jetzt weiß, dass ich es auch schaffen kann!

Das war also mein Wochenende. Auch ansonsten geht es mir gut. Am Donnerstag war ich mit Freunden im Nightclub (Ladies- night, wir kamen umsonst rein!) und habe mich sehr amüsiert. Dort sind überall Spiegel befestigt, die den Kamerunern dazu dienen, mit sich selbst zu tanzen, was sie auch fleißig tun. Stellt euch das bitte vor: Eine Tanzfläche, die in der Mitte frei ist, weil die meisten Leute außen an den Spiegeln stehen und ihr eigenes Spiegelbild wie wild antanzen. Sehr witzig. Als es voller wurde, haben wir uns auch auf die Tanzfläche getraut und hatten sehr viel Spaß. Es tat gut, mal wieder tanzen zu gehen, auch wenn die Musik ab und zu etwas gewöhnungsbedürftig war. Aber ich habe festgestellt, dass es sich auch zu Justin Bieber tanzen lässt. Vor ein paar Tagen waren wir außerdem Nacht- baden. Conny wohnt direkt gegenüber von einer kleinen Badestelle (Neid! Nach der Arbeit einfach ins Wasser springen- ein Traum.), die wir schon des Öfteren genutzt haben. Aber das war das erste Mal, dass wir im Dunkeln im kamerunischen Atlantik gebadet haben :) Es war so toll! Auf dem Rückweg wurden vor noch von bellenden Hunden verfolgt und mir ist eingefallen, dass ich nicht gegen Tollwut geimpft bin. Aber wir sind heile, wenn auch noch sehr nass, zu Hause angekommen und die Aktion wird auf jeden Fall wiederholt!

Und die Musik ist auch endlich wieder ein Teil meines Lebens hier. Paula und ich haben uns zusammen eine Gitarre gekauft, die wir gemeinsam nutzen und auf der ich ihr Unterrichtsstunden gebe. Ich merke zwar, dass vor allem die Theorie etwas eingerostet ist, aber die Finger schaffen es trotz zweimonatiger Pause immer noch ziemlich gut, meinen Befehlen zu folgen. Ich klimpere also fleißig und habe auch schon die ein oder andere Song- Idee entwickelt. Die gibt es dann in neun Monaten zu hören!

Mein Projekt läuft auch gut. Wir haben fast Halbzeit und ich habe das Gefühl, den Schülern doch schon etwas beigebracht zu haben. Nächste Woche ist Evaluation der letzten drei Wochen angesagt; ich bin schon gespannt, wie viel Stoff von den letzten Themen bei den Kinder hängen geblieben ist. Es ist mir jetzt schon ein paar Mal passiert, dass nach einer Unterrichtsstunde eine Schülerin zu mir gekommen ist, um mir zu sagen, dass sie meine Art zu unterrichten mag. Das freut mich immer total und motiviert mich sehr. Obwohl es manchmal wirklich schwierig ist, die Kontrolle über die Klassen zu behalten. Teilweise sitzen über 60 Schüler in einem Raum und es ist beinahe unmöglich, die Aufmerksam von allen zu erlangen und zu behalten. Der Schulleiter von einer Schule läuft immer mit einem weißen Gummistock durch die Gegend, den er unbedingt bräuchte, weil „afrikanische Kinder nun mal anders nicht zu bändigen sind.“ Nun ja. An jeder Schule gibt es auch einen Discipline Master, der dafür da ist, die Kinder „unter Kontrolle“ zu halten. Wenn ein Kind mal nicht gehorcht, wird es zu dem DM geschickt, der für die entsprechende Bestrafung sorgt. Mir wurde immer wieder gesagt, die Kinder doch zum DM zu schicken, wenn sie mir nicht gehorchen, aber ich weigere mich, von dem Angebot Gebrauch zu machen. Meiner Meinung nach kann man die Kinder auch ohne Gewalt oder Gewalt- Androhung zur Ruhe bringen, was ich meistens auch ganz gut hinkriege.

Ich soll im Januar mein eigenes Projekt anfangen und habe nun auch endlich eine Idee, was ich machen möchte: Paula arbeitet mit Kindern und Jugendlichen zusammen, mit denen sie Literaturclubs gegründet hat und ich mit Jugendlichen, die nach meinem Workshop (hoffentlich) jede Menge über gesundheitliche Themen wissen. Die Idee ist, diese Schüler zusammen zu bringen, ihr und unser Wissen zu kombinieren und eine Zeitschrift über Gesundheit zu entwickeln. Von Schülern für Schüler. Die Idee ist bei meinem Chef ganz gut angekommen, jetzt geht es ans Ausarbeiten des Projekts.

Mir geht es also sehr gut. Ich bin immer wieder glücklich, wenn ich mit den Freiwilligen aus meiner Region zusammen bin, finde aber auch immer mehr Kameruner, mit denen ich mich in meiner Freizeit mal treffe. Ich versuche, ein gesundes Gleichgewicht zwischen dem Gewohnten und damit Einfachen, das ich in den anderen Freiwilligen finde, und dem Neuen und deswegen manchmal Ungewohnten, den Kamerunern, zu halten. Und das kriege ich immer besser hin. Ab und zu brauche ich einfach jemanden, der genau so tickt wie ich, der meiner Probleme und Sorgen versteht und ich bin sehr froh, solche Personen um mich zu haben. Ich bin so glücklich mit der Gruppe von Freiwilligen hier in der Gegend, wir haben tolle Leute und sind alle eigene Charaktere, die ein tolles Ganzes bilden. Und ich bin nach wie vor sehr glücklich mit meinen Kollegen, habe auch außerhalb der Arbeit Freunde und fühle mich nach den knapp drei Monaten mittlerweile zu Hause in Limbe. Die Stadt wird immer schöner, je länger ich hier bin und ich fühle mich immer integrierter, weil ich immer mehr Menschen und Orte kennen und schätzen lerne. Ach, und Japanisch lerne ich jetzt auch. Jannis' Mitbewohnerin ist eine japanische Freiwillige, die so alt ist wie wir, bis Februar bleibt und echt supercool ist. Und mir schon den ein oder anderen japanischen Satz beigebracht hat.

Das Leben in meiner Gastfamilie hat sich etwas zum Positiven hin verändert, was wahrscheinlich hauptsächlich an meiner Einstellung zu meiner Wohnsituation liegt. Ich habe mich damit abgefunden, dass ich nun mal in keiner richtigen Familie lebe und dort auch kein wirkliches Familienleben vorfinden werde. Ich habe aber aufgehört, danach zu suchen und setze mich immer wieder einfach ins Wohnzimmer, und sei es nur, um einfach anwesend zu sein und etwas mit den Anderen fern zu sehen. Trotzdem bleiben die Gespräche mit meiner Gastmutter aufs Nötigste beschränkt. Sie ist einer der wenigen Menschen, mit denen ich einfach keine Verbindung, geschweige denn eine Beziehung aufbauen kann, es vielleicht aber auch nicht genügend versuche. Mal sehen, was die Zukunft bringt.

Obwohl es mir echt gut geht, schaut das Heimweh natürlich auch ab und zu mal vorbei. Es ist aber erträglich und die Zeit hier fliegt nur so vorbei, dass ich praktisch bald schon wieder in Deutschland bin. Ich meine, ich bin schon fast drei Monate hier! Das ist ¼ meines ganzen Jahres! Wow. Und die nächsten Monate versprechen viel: Ende November ist das Zwischenseminar in Kribi, danach kommt auch schon bald Weihnachten, das die Freiwilligen, die keinen Besuch aus Deutschland kriegen (Ich!), oder die nicht mit ihren Gastfamilien feiern wollen (Auch ich!) zusammen verbringen wollen. Gefeiert werden soll am Strand. Weihnachten am Meer, bei über 30°C :) Dann ist auch schon bald mein Geburtstag (Was? Ich bin doch grade erst 18 geworden?!) und danach geht's ab in den Norden! Ich freue mich.

Das Leben hier bleibt trotz Alltag abwechslungsreich und ich fühle mich sehr gut. Danke, Kamerun. Suki! Japanisch für: I like you.

Bis dahin, alles Liebe!

Donnerstag, 4. November 2010

Arbeit, Sport und Zuckerwatte

Es ist schon etwas länger her seit meinem letzten Blogeintrag, deswegen melde ich mich jetzt mal wieder, um euch da draußen an meinem Leben hier in Kamerun Teil haben zu lassen.Und es ist viel passiert seit meinem letzten Eintrag!

Ich fange mit meinem Arbeitsleben an: Über die Hälfte meines Healthy Campus 2010- Projekts ist vorbei, am ersten Dezember wird eine kleine Feierei mit den sechs Klassen, mit den wir arbeiten, veranstaltet, um das Projekt zu einem guten Abschluss zu bringen. Die Arbeit in den Schulen ist nach wie vor gut, aber es kann doch auch ermüdend sein sechs mal in der Woche genau das gleiche zu erzählen. Neben diesem aktuellen Programm arbeiten Paula und ich aber auch schon fleißig an unserem gemeinsamen, neuen Projekt: „Be 'In Between'“. 'In Between' wird der Titel der Zeitschrift sein, die wir planen und deren erste Ausgabe voraussichtlich im Februar erscheint. Wir sind noch ganz am Anfang und müssen uns gerade hauptsächlich darum kümmern, wie wir an mögliche Sponsoren kommen, die uns zumindest Teile der Druckkosten abnehmen. Ich freue mich schon sehr darauf, wenn wir uns keine Gedanken mehr um das Geld machen müssen, sondern mit der tatsächlichen Arbeit anfangen können. Wir wollen ein Team aus Schülern um uns aufbauen und mit ihnen zusammen monatlich ein Magazin zu den Themen: health, environment, social life und future orientation herausbringen. Dabei wollen wir aber nicht nur Wissen vermitteln, sondern das Ganze auch interaktiv und spannend gestalten. So ist zum Beispiel eine Art Frage- Antwort- Seite geplant (siehe Dr. Sommer aus der Bravo), Plätze für Jugendliche in und um Limbe sollen vorgestellt werden und eine Zusammenarbeit mit der Schülerzeitung von Paulas alter Schule ist auch in Vorbereitung. Je mehr wir an diesem Projekt arbeiten, umso größer wird die Vorfreude auf den Tag, an dem wir das erste Magazin dann tatsächlich in den

Händen halten können.

Seit wenigen Wochen versuche ich mich an einer mir komplett neuen Sportart: Taekwando. Wir trainieren (eigentlich) drei Mal die Woche in einer Halle in den Nähe meines Hauses. Wir, das sind Paula und ich und 10 Männer unterschiedlichen Alters, die zwei Studen lang gemeinsam laufen, sich dehnen, treten und schlagen. Das Ganze ist echt gut anstrengend, aber für mich irgendwie nicht wirklich befriedigend. Letzten Mittwoch war ich Basketball spielen, was nicht nur auf eine gute Art und Weise anstrengend war, sondern mich auch glücklich gemacht hat. Ich habe wieder einmal bemerkt, dass mein Herz doch für Ballsportarten schlägt. Obwohl alle auf dem Feld größer und breiter waren als ich und ich als unbekanntes Mädchen anfangs nicht wirklich ernst genommen wurde, konnte ich doch beweisen, dass ich nicht so schlecht bin, wie anscheinend alle erwartet haben. Nach meinem ersten Korb (ja, gut, nach dem siebten Versuch, aber immerhin!) wurde ich auch mal angegriffen, wenn ich den Ball hatte, weil festgestellt wurde, dass ich mit dem Teil doch was anfangen kann. Im Moment sieht es so aus, als würde ich das Feld des Taekwando für Basketball verlassen. Wenn ich dann auch noch eine Möglichkeit finde, Fußball zu spielen... Das wäre was.

In meiner Gastfamilie geht es mir besser. Zwar ist meine Gastmutter noch öfter außer Haus als in den ersten Wochen, aber ich bin es auch. Und wenn ich dann mal zu Hause bin, habe ich nicht mehr dieses Wegrenn- und im- Zimmer-einsperr-Gefühl, dass mich die ersten Wochen begleitet hat. Ich setze mich dann mit ins Wohnzimmer, esse, trinke meinen neu erfundenen Milchpulver-Zitrone-Zucker-Tee oder spiele mit dem kleinen Jungen, den ich mittlerweile wirklich sehr ins Herz geschlossen habe. Und er mich glaube ich auch. Dass es mir in meiner Unterkunft tatsächlich besser geht, habe ich auch festgestellt, als ich eine

Möglichkeit, umzuziehen, abgelehnt habe. Ich hätte die Möglichkeit mit Conny, einer anderen Freiwilligen hier in Limbe, zusammen zu ziehen. Als sie mir das vorgeschlagen hat, war meine erste Reaktion: „Ja, ja, auf jeden Fall!!", aber wenn ich da jetzt drüber nachdenke, merke ich, dass ich doch hier bleiben möchte. Nicht nur, weil es mir mit den Menschen, mit denen ich zusammen lebe, immer besser geht, sondern auch, weil die Lage meines Hauses einfach nur klasse ist, Connys Wohnung dafür etwas abseits liegt. Es wäre zwar bestimmt auch toll, mit Conny zusammen zu leben, aber ich würde die ganze Zeit daran denke, was ich vielleicht in meiner dann alten Unterkunft verpasse, wo ich doch gerade angefangen habe, dort endlich so etwas wie mein Zuhause zu finden. Vor ein paar Wochen hätte ich niemals gedacht, dass ich eine solche Gelegenheit abschlagen würde, aber es sieht so aus, als würde ich es tun. Ich sehe das als ein gutes Zeichen. Mein Zimmer habe ich mir auch sehr schön eingerichtet, mit neuen Bildern und Fotos an der Wand und in dem Päckchen, das meine Eltern mir geschickt haben, habe ich auch mein geliebtes Gitarre- Akkorde- Poster vorgefunden, das jetzt neben meinem Bett hängt. Das Päckchen hat sage und schreibe sechs Wochen gebraucht und als es endlich da war, war noch nicht einmal mehr alles drin. Irgendjemand hat es auf dem Weg geöffnet und die Süßigkeiten, die deutschen Süßigkeiten, auf die ich mich schon so gefreut hatte, herausgenommen! Ich war echt sauer auf diese unbekannte Person. Ich hoffe, die Haribo schmeckten nicht.

Was habe ich die letzten Wochenenden so getrieben? Letztes Wochenende war mal wieder unser monatliches DED- Treffen in Buea. Wir Limbe- Freiwilligen sind über die Nacht dort geblieben und Abends haben wir alle zusammen Gemüse-Burger gemacht und einen Film geguckt. Das war klasse und super lecker. Wir haben uns alle sehr überfressen und etwas gelitten, aber es hat sich gelohnt. Am Nachmittag haben Paula und ich den „Fliegenmann" besucht. Ein 84- jähriger „Pa" (alte Menschen werden mit Ma und Pa angesprochen- ein Zeichen von Respekt), der kaum noch Zähne hat, für sein Alter noch sehr fit ist und den man einfach lieb haben muss. Er ist Fliegenforscher von Beruf- es gibt auch einen Fachausdruck, den ich aber vergessen habe- und nimmt Fliegen auseinander, oder sammelt Kakerlaken, um die verschiedenen Arten zu bestimmen. Wir haben ihn auf einer unser vielen Fahrten nach Buea kennen gelernt und versprochen, ihn mal zu Hause zu besuchen, was wir letzten Wochenende dann ja auch getan haben. Wir haben uns vor seiner Holzhütte im Sonnenschein durch 60 Jahre alte Fotoalben geblättert und diese besondere Atmosphäre genossen, die nur aufkommt, wenn man in vergangene Zeiten eintaucht. Anschließend sind wir noch aufs Uni-Gelände in Buea, haben uns auf eine Wiese gelegt und das auf-einer-Wiese-liegen-Gefühl genossen. Bis Buea seinem Namen alle Ehre gemacht hat und ein riesengroßes Unwetter aufgezogen ist. Aber dann hatten wir ja die Burger und den Film. Das nächste Treffen wird in Limbe am Strand stattfinden! Außerdem haben wir in Limbe gerade das so genannte Trade Fair auf unserem großen Community Field. Das ist eine Art Rummel, mit Ess- und Trinkständen, Schmuck- und Kunsthändlern, Live- Musik und POPCORN UND ZUCKERWATTE! Man höre und staune. Auf dem Trade Fair habe ich schon das ein oder andere paar Ohrringe oder andere Schmuckstücke erstanden und werde dort wohl auch noch des Öfteren vorbeischauen. Es herrscht einfach eine total angenehme Atmosphäre, die Leute sind entspannt und freundlich, das Essen lecker und die Getränke kalt. Was will man mehr?

Ich habe heute meinen Tutor um einen freien Tag gebeten; den Freitag nächster Woche. Paula und ich haben das ganz dringende Bedürfnis, aus der Limbe/Buea-Schleife auszubrechen und uns mal was anderes anzusehen. Wir wollen gerne ein paar kleinere Dörfer in Limbes Umgebung besuchen, etwas in die Natur kommen und uns einen Eindruck von dem Leben „auf dem Land“ machen. Wir wollen Freitag Morgen los und Sonntag Mittag wieder zurück. Wohin genau es geht, wird gerade noch geplant. Anfang Dezember findet ein riesengroßes Kultur- Festival in Fumban, einer Stadt im Westen, statt, wo wir ebenfalls hin wollen. Foumban soll so anders sein als alles, was wir bisher gesehen haben. Andere Kultur, andere Religion, andere Sprachen, anderes Klima. Wir wollen von dritten bis zum sechsten Dezember nach Foumban reisen und uns das Ganze dort mal ansehen.

Was kann ich noch erzählen? Das Wetter spielt sehr verrückt im Moment. Eigentlich sollten wir Anfang November schon voll in der Trockenzeit sein, aber im Moment regnet es doch noch sehr viel und die große angekündigte und befürchtete Hitze ist auch noch nicht eingetreten. Klar, es ist meistens sehr warm hier, aber in Limbe soll es in der Trockenzeit auch schon mal unerträglich heiß werden; so heiß, dass arbeiten unmöglich ist. Wobei die Kameruner bei Regen auch oft zu spät oder einfach gar nicht zur Arbeit kommen, Hitze ist bestimmt eine noch bessere Ausrede als Regen, sich nicht der Arbeit widmen zu müssen. Ihr seht: Ich habe hier meinen Alltag, den ich im Moment in vollen Zügen genieße und der immer wieder von kleinen Abenteuern und neuen Begegnungen spannend gestaltet wird. Ich fühle mich von Tag zu Tag wohler und kamerunischer und liebe es, hier zu sein. Hier sein zu dürfen.

Ich denke an euch alle da draußen. In Uganda, Ruanda, Namibia, Australien, Frankreich, Venezuela, Mexiko, Neuseeland, Russland und natürlich Deutschland. Ich hoffe, es geht euch gut.

Bis dahin, alles Liebe!

Dienstag, 16. November 2010

Eine Reise, ein Umzug und schon 1/3

Was für ein Wochenende! Am Freitag Morgen haben Conny, Paula und ich uns auf den Weg gemacht, auf nach Kumba. Nach der knapp zweistündigen Fahrt sind wir in einer Stadt angekommen, die nicht allzu weit entfernt von Limbe ist, Menschen der gleichen Sprache und Kultur beherbergt und trotzdem eine ganz andere Atmosphäre als meine „Heimatstadt" ausstrahlt. Kumba ist etwas größer als Limbe, heißer und staubiger, bzw. matschiger; je nachdem, ob die Sonne gerade vom Himmel knallt oder der Regen fällt. Der, wenn er kommt, die sandigen Straßen in matschige, von mit Regen und Schlamm gefüllten Schlaglöchern durchzogene Pisten verwandelt. Das durften wir am Freitag Abend dann auch direkt miterleben. Das Wetter am Wochenende war dafür umso schöner und heißer; am Sonntag hatten wir knapp 35°C. In Kumba angekommen, haben wir uns auf die Suche nach unserer Unterkunft gemacht und haben sie nach ein paar Mal Wenden und Drehen auch gefunden: das Gästehaus des Presbyterian Church Centers. Wir wurden sehr freundlich aufgenommen und haben die zwei Nächte auf dem Kirchengelände verbracht, zu dritt in zwei zusammengeschobenen Einzelbetten. Was aber eigentlich sehr gemütlich war. Nachdem wir den Freitag Vormittag mit einem Bummel durch Kumba und über den Markt verbracht haben, haben wir uns mit Aaron, einem Freund von Paulas Arbeitskollegen, und seinen Kumpanen getroffen. Wir hatten einen sehr spaßigen Abend, haben über Gott und die Welt geredet, Smirnoff getrunken – ich werde noch zur Smirnoff- Alkoholikerin; der ist hier so billig! - und wurden letztendlich zusammengepfercht in einem kleinen, klapprigen Bus, von Country- Musik begleitet, wieder nach Hause kutschiert. Dass unser Fahrer schon mehr als ein Bier intus hatte, war zum Glück nicht allzu schlimm, da die Schlaglöcher ihn zum langsamen Fahren gezwungen haben. Conny musste am Samstag Morgen leider wieder zurück nach Limbe, weil sie einem spontanen Arbeits- Meeting beisitzen musste. Also haben Paula und ich uns nach dem Frühstück auf den Weg nach Barombi gemacht. Ein Dörfchen, direkt an einem See mitten im Regenwald. Auf dem Weg zum besagten See haben wir James getroffen, ein Kameruner aus Barombi, der uns angeboten hat, uns über den See zu paddeln. Das Angebot haben wir angenommen und sind in James' Boot, einem ausgehöhlten Baumstamm, trotz anfänglicher Zweifel sicher auf der anderen Seite angekommen. Ich habe die Fahrt über das ruhige Gewässer, die Sonne in meinem Nacken und die regelmäßigen Paddel- Geräusche sehr genossen. Mit geschlossenen Augen hätte ich auch auf der Müritz, auf einer unser jährlichen Paddeltouren, unterwegs sein können. Aber ich habe die Augen offen gelassen und mich umgeschaut: habe das Wasser gesehen, die Fische, die hin und wieder zum Insektenfang an die Oberfläche kamen, den Wald rund um den See herum und die Greifvögel, auf der Suche nach Kleintieren über dem Wald schwebend. Und war glücklich. Weil ich genau das vorgefunden habe, wonach ich an diesem Wochenende suchen wollte: Natur. Etwas Anderes; nicht immer Limbe oder Buea, Buea oder Limbe. In Barombi wurden wir sehr freundlich und offen begrüßt und aufgenommen. Für die Kinder im Dorf, von denen es unheimlich viele gab, waren wir DIE Attraktion des Tages. Enttäuscht waren sie, als wir ihnen keine Luftaballons anbieten konnten, wie sie wohl die letzten „Whitemen“ mitgebracht hatten. Es kommen wohl regelmäßig Touristen ins Dorf; es wird mittlerweile sogar schon Eintritt gefordert, den wir natürlich gezahlt haben. Irgendwie waren wir an diesem Wochenende ja auch Touristen, trotzdem wurmt es mich immer wieder, wenn ich nur Aufgrund meiner Hautfarbe mehr zu bezahlen habe als die Schwarzen. Barombi besteht aus circa 15 Häusern, einer Bar und einer Grundschule. Die älteren Schüler müssen nach Kumba fahren, um dort die Schule zu besuchen. Strom und fließend Wasser haben die Einwohner Barombis auch nicht; sie müssen sich mit einem Brunnen zufrieden geben. Wir sind nicht allzu lang in dem Dorf geblieben, das zwar schön war, aber die uns entgegengebrachte Aufmerksamkeit wurde uns schnell zu viel. Auf unserem Rückweg sind wir nicht über den See, sondern um ihn herum. Durch den Regenwald, vorbei an alten, unglaublich großen Bäumen und Riesen- Bambus, durch Kakao- Plantagen und über Ameisenstraßen. Nach zwei Stunden der Wanderei - Paula musste irgendwann barfuß laufen, weil ihre Sandalen den Geist aufgegeben haben – sind wir wieder an unserem Ausgangspunkt angekommen, wo wir uns von James und unseren anderen freundlichen Begleitern verabschiedet haben und erschöpft, aber glücklich zurück in unsere Mission gefahren sind. Abends haben wir uns dann noch ein Fisch und ein Bier gegönnt und haben zurück in unserer Unterkunft im Licht der Petroleum- Lampe (der Strom war ausgefallen) noch lange gequatscht. Am Sonntag Morgen sind wir nach unserem morgendlichen Bananen- Schoko- Brot zurück nach Limbe gefahren. Das Wochenende war total schön. Ich habe so tolle Natur sehen dürfen, nette Menschen kennen gelernt und auch Kumba ist bestimmt nicht das letzte Mal besucht worden. Trotzdem bin ich nach wie vor froh, in Limbe zu leben. Die Männer in Kumba haben sich so verhalten, als hätten sie noch nie eine weiße Frau gesehen! Ein „Nein, ich will nicht mit dir reden/trinken/ausgehen“, wie die Leute in Limbe es meistens akzeptieren, wird dort als Aufforderung gesehen, noch aufdringlicher zu werden. Als Paula und ich Abends im Dunkeln nach Hause gelaufen sind, hatten wir doch tatsächlich eine Horde von Kerlen hinter uns, die uns rufend, pfeifen und mit dem typischen „Kssssss“- Laut verfolgt haben und die wir nur sehr schwer abschütteln konnten. Durch den verhältnismäßig ausgeprägten Tourismus in Limbe sieht man hier relativ viele Weiße und dementsprechend geringer ist die Aufmerksamkeit. Sehr angenehm. Natürlich ist es interessant, wenn zwei weiße Mädels durch Kumba laufen, aber für uns war es auf Dauer doch recht anstrengend, da wir uns keinen Meter ohne ein „Hey Baby! How? Come and join us! Nice lady!“ bewegen konnten. Meine aufgestaute Aggression habe ich dann an einem unschuldigen Motofahrer in Limbe ausgelassen, der, als ich auf dem Weg nach Hause war, neben mir hergefahren ist und mich mitnehmen wollte. Ich habe ihn etwas zu sehr angeschnauzt und er ist beleidigt weggefahren. Entschuldigung auf diesem Weg.

Man bedanke sich bei den Kollegen in Kumba.

Wer meinen letzten Blogeintrag gelesen hat, mag sich fragen, was das Wort „Umzug“ in der Überschrift dieses Eintrages zu suchen hat. Habe ich nicht geschrieben, dass ich doch in meiner Gastfamilie bleiben möchte? Ja. Habe ich. Meinungen ändern sich. Ich bin zur Probe für ein paar Tage bei Conny und Rafael, ihrem Tutor, eingezogen. Ich wollte mir nicht vorwerfen müssen, vielleicht eine tolle Möglichkeit auszulassen, indem ich nicht mal austeste, wie es ist, mit den Beiden zu leben. Und es ist toll! Wir kochen zusammen, sitzen Abends zusammen im Wohnzimmer, reden oder arbeiten. Es ist einfach ein gemeinsames Leben vorhanden; etwas, das ich bis jetzt so in meiner Unterkunft noch nicht erlebt habe. Mein Entschluss, doch in der Gastfamilie zu bleiben, wurde so über den Haufen geworfen. Ich wollte mein Glück nicht von zwei Kindern abhängig machen, die die einzigen Kontaktpersonen in dem Haus waren. Als ich zu meiner Gastmutter gehen wollte, um sie über meinen bevorstehenden Umzug zu informieren, habe ich eine etwas schockierende Nachricht erhalten: der Mann meiner Gastmutter ist gestorben. Ich weiß nicht, wie, wo und wann, aber er ist tot. Das ganze Haus war aufgeräumt, die Möbel an die Seite geschoben, um genügend Platz für all die Familienmitglieder und Freunde zu schaffen, die in den nächsten Tagen kommen werden. In dem Moment wollte ich dann nicht mit ihr reden und habe das Gespräch verschoben. Als wir dann geredet haben, hat sie mir eröffnet, dass sie auch froh ist, dass ich gehe. Weil sie mit meinem Verhalten und meiner Art nicht zufrieden war. Alles klar. Was zur Hölle habe ich falsch gemacht? Das hat mit auf jeden Fall nochmal gezeigt, dass meine Entscheidung die Richtige war. Trotzdem war es ein komisches Gefühl, all meine Sachen wieder einzupacken, die Fotos von der Wand zu nehmen und das Zimmer so leer zu sehen. Und das erst nach vier Monaten. Irgendwie hat mich das traurig gemacht. Weil das, was ich mir von meiner Gastfamilie erwünscht hatte, nicht eingetreten ist. Mit meinem Tutor gab es auch ein paar Unstimmigkeiten und Reibereien. Wirklich glücklich ist er mit meinem Umzug nicht. Er hat das Gefühl, versagt zu haben, weil ich in der von ihm ausgesuchten Unterkunft nicht bleiben möchte und stattdessen „in einer anderen Organisation" unterkomme. Immerhin leben ich mit den Mitarbeiten einer anderen NGO zusammen. Ich finde dieses Denken etwas übertrieben und als mein Tutor mich dann gefragt hat, ob ich in anderen Organisationen etwas suchen würde, das ich auf meiner Arbeit nicht finde, musste ich erst einmal klarstellen, dass es mir super geht bei ASYOUSED und ich zwischen der Unterkunft und der Arbeit zu unterscheiden weiß. So weit ist jetzt auf jeden Fall alles geregelt, ich lebe seit Montag offiziell bei Conny und Rafael, auch wenn ich im Moment noch in Connys Zimmer unter einem Moskitonetz schlafe, da ich in meinem Zimmer noch kein Bett habe. Eigentlich hatte ich auf einer Matratze in meinem Zimmer auf dem Boden geschlafen, aber nach einem nächtlichen Kakerlaken- Treffen in meinen Bettalken zwischen meinen Knöcheln bin ich zu Conny geflohen. Wir haben jetzt fieses Chemie- Zeug gekauft, um den Viechern den Gar aus zu machen und ein Bett bekomme ich hoffentlich am Mittwoch. Wobei das mit den Zeitangaben in Kamerun ja auch immer so eine Sache ist.

Ansonsten läuft alles super. Die Arbeit macht nach wie vor Spaß, Paulas und mein Projekt nimmt langsam Form an und heute wird Connys Geburtstag mit einem Pasta- und Salatabend gefeiert. Die große Feierei findet nächstes Wochenende in einem kleinen Haus etwas außerhalb von Limbe, an das Conny über Connections gekommen ist, statt, mit allen Freiwilligen der Süß- West- Region und drei anderen Freiwilligen aus anderen Städten als geladene Gäste.

In meinem neuen Zuhause habe ich jetzt übrigens eine Internet- Flatrate! Die zwar immer von Conny oder Rafael besetzt wird, aber ich werde mir auch meine Internet- Zeit erkämpfen und komme dann hoffentlich mal öfter zum Mails-beantworten. Die ersten enttäuschten Freunde aus Deutschland haben sich schon gemeldet. Hier noch mal auf diesem Weg: Ihr kriegt Antworten! Es kann nur etwas dauern. Ich habe mein Leben und meine Gedanken gerade hier in Kamerun und der kleine Teil von mir, der für Deutschland und den Rest der Welt arbeitet, ist halt etwas langsamer. Aber ich habe euch nicht vergessen!

Ich werde außerdem versuchen, dem Wunsch gerecht zu werden, mehr und dafür kürzere Blogeinträge zu schreiben. Was die Länge angeht, werde ich wohl beim nächsten Eintrag anfangen. Ich habe sehr viele Fotos, die ich hochladen möchte, was aber ja leider nicht auf einmal geht. Deswegen schaut in den nächsten Tagen am besten einfach immer mal wieder in die Fotos, vielleicht findet sich dort hin und wieder mal ein neues.

Ihr seht: trotz mehr oder weniger großen Steinen auf meinem Weg durch meine Zeit in Kamerun geht es mir nach wie vor gut, eher immer besser! Und ein Drittel meiner Zeit hier ist schon vorüber. Wie die Zeit vergeht.

Bis dahin, alles Liebe!

Dienstag, 23. November 2010

Geburtstags- Feierei irgendwo im Nirgendwo

Conny hatte Geburtstag. Und das musste natürlich ordentlich gefeiert werden. Conny hat dafür gesorgt, dass wir an einen der schönsten Orte, an denen ich bisher hier in Kamerun war, feiern durften. In Bimbia, das ein Teil von Limbe ist, aber sehr außerhalb liegt und eigentlich nur aus ein paar Häusern besteht. Geht man dann noch ein gutes Stück durch den Regenwald, kommt man an eine Bucht, die umgeben von Strand, Felsen und Flora und Fauna total schön und einsam gelegen ist. Dort finden sich auch alte Ruinen, die noch aus der Zeit des Sklavenhandels stammen und die super Material für Gruselgeschichten bieten. Die wir uns aber zum Glück nicht erzählt haben. Jeder, der mich kennt, weiß, dass ich nicht gerade ein Fan von Gruselgeschichten bin. Wir waren 17 Freiwillige aus den verschiedensten Städten Kameruns und ein paar kamerunische Guides, die auf unsere Sicherheit Acht gegeben haben. Wir haben in einer Hütte geschlafen, deren Dach gestohlen wurde, aber die Trockenzeit hat zumindest Nachts gehalten, was sie verspricht und der befürchtete Regen ist ausgeblieben. An unserem Rastplatz angekommen, sind wir erst einmal ins warme Wasser gerannt und haben dort den Mondaufgang genossen. In dieser einsamen Lagune zu baden, unter Sternenhimmel, mit nach Insekten jagenden Fledermäusen um uns herum, war wunderschön und hatte irgendwie etwas Irreales. Wir hatten einen tollen Abend, mit Lagerfeuer und leckerem, mitgebrachten Essen, eine tolle Nacht und einen unausgeschlafenen nächsten Morgen. Es hat dann auch noch angefangen zu regnen und wir mussten etwas hektisch unsere Sachen aus der Hütte ohne Dach zu der Hütte mit Dach transportieren und anschließend alles zum Auto schleppen, das es durch den Regen nicht zu unserem Rastplatz geschafft hat. Aber diese Anstrengung hat sich gelohnt! Ein schöner Abend.

Die Arbeit ist im Moment tatsächlich Arbeit. Paula und ich arbeiten fleißig an unserem Projekt und leiden etwas unter meinem überarbeiteten und ihrem unmotivierten Tutor, die irgendwie keine Zeit finden, sich mit uns und unserem Projekt auseinanderzusetzen. Wir sind jetzt schon mit unserem Zeitplan hinterher und haben im Dezember auch kaum Zeit, um das zu schaffen, was wir uns für diesen Monat vorgenommen haben.

Diese Woche hatten wir drei Tage lang unser Strategic Plan Meeting. Es wurden die geplanten Projekte für 2011 besprochen, wo ASYOUSED dann sein möchte, was verbessert oder auch so gelassen werden kann. Das meeting war super spannend, aber auch echt anstrengend. Nebenbei musste ich noch nächsten Mittwoch, den World AIDS Day, planen, an dem mein aktuelles Projekt "Healthy

Campus 2010" zu Ende geht. Der Plan ist, alle Klassen, mit denen ich gearbeitet habe, zusammenzubringen, sie ihr Gelerntes präsentieren zu lassen, ein Quiz zu veranstalten und Reden zu halten. Soweit die Theorie. Am Montag erfahren wir, ob wir die Halle bekommen, die wir benutzen wollen, die Schulleiter wurden auch heute erst informiert und sie Schüler wissen noch gar nichts. Aber die Kameruner sind spontane Menschen. Das wird schon.

Nächstes Wochenende geht es für drei Tage nach Foumban, wo ein riesiges Kultur-Festival stattfindet, das in ganz Kamerun bekannt ist. Vom 12. bis zum 18. Dezember findet dann mein Zwischenseminar in Kribi statt. Und Sylvester geht es nach Buea. Was ich Weihnachten mache, ist immer noch nicht klar, aber da findet sich schon was.

Ich fühle mich wohl. Sehr wohl. In meinem neuen Haus fühle ich mich mittlerweile wirklich heimisch, ich koche selber und gehe regelmäßig schwimmen; das Meer ist jetzt nur noch einen Katzensprung entfernt. Die Zeit fliegt gerade nur so vorbei und ich lebe hier meinen Alltag. Meinen tollen Alltag. Wer meinen Blog von Anfang an verfolgt hat, erinnert sich vielleicht an einen meinen ersten Einträge, in dem ich von dem Gefühl gesprochen habe, festzustecken; nicht mehr vorwärts zu kommen. Jetzt komme ich vorwärts. Sowohl auf der Arbeit, als auch privat.

Die Kakerlaken sind übrigens so gut wie besiegt! Wir haben fieses Chemie- Spray gekauft, das auch für uns Menschen bestimmt nicht allzu gesund ist, und haben damit alle Räume ausgesprüht. Die Tage danach haben wir dann eine Menge auf dem Rücken liegende Kakerlaken eingesammelt. Als ich dann aber noch ein RIESIGES Exemplar an meiner Wand entdeckt habe, musste das Spray nochmal her.

Ich sitze jetzt vor dem Laptop und überlege doch tatsächlich, was ich noch schreiben könnte. Das irritiert mich, weil ich gerade eigentlich das Gefühl habe, nie nichts zu tun zu haben. Ich arbeite, treffe mich mit Freunden, sporte, (wenn auch in letzter Zeit leider wieder weniger als zuvor), musiziere; lebe mein kamerunisches Leben. Deswegen müsste ich doch eigentlich so viel zu schreiben haben, dass wieder Beschwerden kommen, dass meine Einträge zu lang sind! Ich sehe das einfach als Zeichen, dass hier eine positive Normalität eingetreten ist, die immer wieder von Kumba- oder Bimbia- Highlights unterbrochen wird.

Neue Fotos sind auch hochgeladen! Und bereit, angeschaut zu werden. Und eure Stereotypen habe ich auch nicht vergessen! Ich habe nur das Gefühl, mich damit noch nicht intensiv beschäftigt zu haben, um einen Blogeintrag über dieses Thema zu schreiben. Aber er wird kommen!

Mittwoch, 8. Dezember 2010

Einmal Foumban und zurück, bitte!

Seit meinem letzten Blogeintrag ist eine Menge passiert, wovon ich euch in den nächsten Zeilen erzählen werde. Achtung: es wird ein langer Blogeintrag werden!

Letzten Mittwoch hat mein Projekt „Healthy Campus 2010“ seinen Abschluss gefunden. Wir haben ein dreistündiges Programm auf die Beine gestellt, das erstaunlich gut funktioniert hat. Die meisten Schüler waren da, hatten ihre Präsentationen parat und waren voll und ganz motiviert mitzumachen. Ich habe Lieder gehört, kleine Theaterstücke gesehen und selbstgeschriebenen Gedichten gelauscht. Etwas stolz war ich schon. Immerhin habe ich den Großteil des Ganzen auf die Beine gestellt, habe den Schülern das beigebracht, was sie in ihre Präsentationen eingebaut haben und habe dafür gesorgt, dass knapp 200 Schüler aus Limbe jetzt ein größeres Wissen über HIV/AIDS, STIs und Teenage

Pregancies haben als noch vor drei Monaten. Das Schulquiz war das Highlight der Veranstaltung; jeweils vier Schüler haben ihre Schule vertreten und wer am Ende die meisten der 10 Fragen richtig beantwortet hat, hat gewonnen. Am Ende des Tages habe ich mich mit einem weinenden und einem lachenden Auge von meinen Schülern verabschiedet. Ich habe sehr viel Energie in das ganze Projekt gesteckt, habe die letzten 10 Wochen mit den Kindern gearbeitet und einige von ihnen sind mir wirklich sehr ans Herz gewachsen. Als mir die Schüler meiner Lieblings-Schule ein Dankeschön- Geschenk überreicht haben, war ich sehr gerührt: der Stoff der Schule, den nur die Lehrer dort tragen dürfen und aus dem ich mir jetzt ein Kleid schneidern lassen werde, das mich immer an diese besonderen 10 Wochen meiner Arbeit hier erinnern wird. Auf der anderen Seite ist es gut, dass ich mich jetzt voll und ganz auf mein neues Projekt konzentrieren kann und nicht gleichzeitig meine Unterrichtseinheiten vor- und nachbereiten muss.

Am Donnerstag Morgen haben sich die Limbe- Freiwilligen auf den Weg nach Buea gemacht, wo wir anlässlich des Welt- Freiwilligen- Tags eine kleine Aktion an einem Internat geplant haben. Wir haben Stationen vorbereitet, sie sich mit verschieden Punkten der Milleniums- Zielen beschäftigt haben. Jannis und ich haben ein kleinen Spiel zu HIV/AIDS mit den Schülern gemacht und noch etwas zu Cholera und Malaria erzählt. Das Ganze hat super funktioniert und wir hatten das Gefühl, die Schüler tatsächlich erreicht zu haben. Nach der Aktion haben wir uns auf den Weg zur Mile 17 gemacht, dem Platz in Buea, wo die Busse ankommen und sich auch wieder in alle möglichen Städte in Kamerun aufmachen. Lea hat es geschafft, uns einen eigenen kleinen Bus zu organisieren, der uns auf direktem Weg nach Foumban gebracht hat. Das war absoluter Luxus, weil wir so zu neunt in einem Bus saßen, in dem sonst auch mal doppelt so viele Leute halb neben- halb aufeinander sitzen und auf direktem Weg nach Foumban gebracht wurden; normalerweise muss man über Douala fahren und dort unter mehr oder weniger großem (Zeit-) Aufwand umsteigen. Nach knapp sieben Stunden Fahrt kamen wir müde und durchgefroren- der Nord- Westen wird nachts echt kalt!- in Foumban an, wo uns Sarah, Eva und Daniel, die dortigen Freiwilligen und Gastgeber für das Wochenende, schon erwartet haben. Wir haben unsere mitgebrachten Matratzen auf dem Boden im großen Wohnzimmer ausgebreitet, noch etwas gequatscht und sind dann ins Bett, beziehungsweise auf die Matten gefallen. Ich habe es geschafft, mit ein Platz auf dem Bett zu ergattern- Luxus pur.

Am nächsten Tag wurde dann Foumban erkundet. Dort fand letzte Woche ein großen Kultur- Festival statt, die „Fête du Ngoun". Es wurde getrommelt, getanzt, marschiert und der Sultan geehrt. Foumban hat nämlich einen König, der gleichzeitig auch Sultan ist und mindestens 50 Kinder hat; dementsprechend viele Prinzen und Prinzessinnen gibt es auch in Foumban. Auf dem großen Platz vor dem Palast des Sultans konnten alle Bürger und Besucher Foumbans den Sultan grüßen, der in einem großen Thron mit Schirm- Haltern rechts und links neben ihm vor seinem Palast saß. Die Menschen wurden in kleinen Gruppen vor ihn geführt, haben dort zur Begrüßung und als Zeichen von Respekt mit der Hand den Boden berührt und dann dem Sultan ihre Geschenke in Form von Reissäcken, Ziegen oder Schmuck überreicht. Der Sultan wird sehr ehrenvoll behandelt, er ist der wichtigste, einflussreichste und reichste Mann Foumbans, der die absolute Entscheidungsmacht über alles hat, was in seiner Stadt passiert. Nach dem Besuch beim Sultan haben wir uns auf den Weg zum Markt gemacht, anschließend sind wir auf den Turm einer Moschee gestiegen, von wo aus man einen sehr eindrucksvollen Blick über Foumban hatte. Die Stadt ist sehr muslimisch geprägt, dementsprechend neu und anders wirkt sie in meinen Augen, die bis jetzt hauptsächlich das vom Christentum dominierte Kamerun gesehen haben. Es gibt viele Moscheen, fast alle Frauen und Männer laufen in bunten Gewändern aus den verschiedensten Stoffen und Materialien herum, die Frauen bedecken sich mehr als hier in Limbe; Miniröcke findet man dort nicht. Ich habe aber keine einzige vollkommen verschleierte Frau gesehen. Die Menschen sind sehr aufgeschlossen und freundlich, immer interessiert an einem Gespräch und freuen sich sehr, wenn man davon schwärmt, wie schön das Fest ist. Und schön war es wirklich! Ich war sehr überwältigt von der Schönheit der Stadt, die so grün, so bunt und so lebendig ist. Foumban ist bekannt für seine Kunst- Kultur, wir haben die Markt der Künstler besucht, wo Masken, Statuen, Armbänder, Bronze- und Goldschmuck verkauft wird. Etwas neidisch war ich dann doch; Kunst findet sich in Limbe leider nur sehr selten. Trotzdem habe ich versucht, nicht ständig Limbe und Foumban zu vergleichen. Die beiden Städte sind sehr unterschiedlich, haben beide ihre schönen und weniger angenehmen Seiten. Abends haben wir uns in eine Bar gesetzt, gezapftes (!) Bier getrunken und sind irgendwann zurück zur WG, um den Schlaf nachzuholen, den wir in der Nacht zuvor nicht kriegen konnten. Über den Tag sind noch weitere Freiwillige aus ganz Kamerun eingetrudelt; letztendlich waren wir circa 25, die sich in die WG gequetscht haben. Ausgerechnet über dieses Wochenende ist das Wasser ausgefallen, aber wir haben uns ja schon an solche Umstände gewöhnt und wussten uns zu helfen. Am Samstag waren wir Schmuck und Stoffe shoppen und ich habe eine neue Liebe gefunden: die Kopftücher. Wenn man den richtigen Stoff findet, sieht's nicht nur toll aus, sondern die Sonne, die jetzt in der Trockenzeit immer heftiger und erbarmungsloser vom Himmel knallt, verliert etwas von ihrer Intensität.Sarah hat von einem der vielen Prinzen Foumbans eine Einladung zum Abendessen in den Räumen des Palasts bekommen, zu dem regelmäßig verschieden Leute eingeladen werden. Paula, Sarah und ich sind dann losgezogen, um den Ort des Geschehens zu finden und waren etwas baff, als wir dann tatsächlich da waren: in einem Hinterhof war unter einem Pavillon ein Buffet aufgebaut, darum herum standen Tische, an denen teilweise schon Menschen saßen, schwarze und weiße, von denen einige verdammt wichtig aussahen. Neben dem Tisch, an den wir uns gesetzt haben, saßen Franzosen, die auch sehr französisch aussahen und von denen wir einen spaßeshalber als französischen Botschafter bezeichnet haben. Später haben wir erfahren, dass er tatsächlich für der französische Botschaft arbeitet. Wir kamen uns in dieser Atmosphäre dann auch sehr wichtig vor und haben uns die Bäuche mit Salat,

Kartoffeln, Hühnchen, Gemüse und Kuchen vollgeschlagen. So gut gegessen habe ich lange nicht mehr. Später am Abend haben wir dann erfahren, dass manche der anwesenden „nur" Touristen waren, an die auch Einladungen verteilt worden sind. Das hat unser „wir sind so wichtig"- Gefühl etwas gedämpft, aber lecker war das Essen trotzdem. Wir sind noch etwas über das Gelände geschlendert, haben die Atmosphäre genossen und sind dann zu einer Partie „Werwolf" zurück zur WG gefahren. Und dann ging's los. Ich hatte schon seit Dienstag einen kleinen Schnupfen, zu dem in Foumban dann noch Husten hinzugekommen ist und am Samstag Abend habe ich dann Fieber bekommen. Von einer Minute auf die andere habe ich mich fiebrig gefühlt und die Nacht war dementsprechend...bescheiden. Morgens ging es mir dann so richtig schlecht und ich habe mich so krank gefühlt wie lange nicht mehr. Der Blick aufs Fieberthermometer hat knapp 40°C angezeigt und ich habe mich in Begleitung von Nora und Conny auf den Weg ins Krankenhaus gemacht. Ich war sehr froh, die Beiden bei mir zu haben, weil ich etwas neben mir stand und das Französisch nicht mehr so richtig fließen wollte. Also hat Nora etwas gedolmetscht und Conny mir seelischen Beistand geleistet. Die beiden Krankenschwestern, die mich aufgenommen haben, haben mich nach meinen Symptomen gefragt, mich untersucht und dann sehr lange überlegt, was ich denn haben könnte. Irgendwann haben sie dann entschieden: Malaria. Mir wurde eine fiebersenkende Spritze gegeben und dann wurde ich ins Labor geschickt, wo mir Blut für den Malaria- Test abgenommen wurde. Dann haben wir meine Medikamente gekauft, mit der Ansage, Nachmittags noch einmal wiederzukommen, um das Ergebnis des Tests abzuholen. Das war negativ. Die Krankenschwestern meinten, ich soll trotzdem die Medikamente gegen Malaria nehmen, weil ich trotz des negativen Ergebnisses Malaria haben kann. Weil eine infizierte Mücke mich gestochen hat und mein Körper deswegen die Sympome aufweist, ohne die Krankheit tatsächlich zu haben. Mir war das ganze etwas suspekt, aber ein Freund hat mir dann erzählt, dass eine andere Freiwillige genau das Gleiche hatte. Mittags ging es mir schon wieder viel besser, das Fieber war so gut wie weg und ich habe noch etwas geschlafen. Die anderen Freiwilligen haben sich auf den Nachhauseweg gemacht, einige sind noch zu einem nahe gelegenen Badesee gefahren und haben dort den Nachmittag verbracht. Aber ich als vernünftige Volljährige bin alleine zurückgeblieben, um mich zu erholen. Das war etwas deprimierend. Am Montag haben Paula und ich uns dann auch auf die lange Reise zurück nach Limbe gemacht. Wir sind um halb acht Morgens aufgebrochen und waren gegen sieben Uhr Abends da. Die Reise war lang, anstrengend und ermüdend. Zuhause angekommen bin ich sofort ins Bett gefallen und habe das erste Mal seit langer Zeit wieder richtig geschlafen.

Jetzt sitze ich im Schlafanzug zu Hause und genese vor mich hin. Ich habe meinen Chef angerufen und meine Arbeit für heute abgesagt. Mir geht es zwar schon wieder viel besser, aber ich bin ja sehr gut darin, meine Krankheiten nicht richtig loszuwerden, weil ich mich nicht genügend auskuriere. Und das will ich auf jeden Fall vermeiden! Immerhin geht’s am Sonntag nach Kribi, wo wir eine Wochen lang unser Zwischenseminar haben und da möchte ich wieder voll fit sein. Und nur nochmal, um das klarzustellen: ich habe meine Prophylaxe immer fleißig genommen. Der Schutz beträgt aber nunmal nur 80%. Also, hatte ich jetzt Malaria? Weiß ich auch nicht. Blöd war's auf jeden Fall.

Trotzdem war das Wochenende toll! Foumban hat mich echt beeindruckt, es war schön, die Freiwilligen wiederzusehen, die ich das letzte mal vor vier Monaten in Yaoundé gesehen habe und neue kennen zu lernen. Ich habe es genossen, mal wieder Französisch zu sprechen und habe mit Erleichterung festgestellt, dass doch nicht alles verloren ist, was ich mir die letzten fünf Jahre meiner Schulzeit so angeeignet habe.

Ich hoffe, ihr alle habt eine schöne Weihnachtszeit. Esst ein paar Spekulatius für mich mit.

Donnerstag, 23. Dezember 2010

Frohe Weihnachten!

Ich sitzte grade im Internetcafe, genieße den Ventilator und kann immer noch nicht ganz glauben, dass morgen Heilgabend ist. Die letzten fuenf Monate- ja, ich bin tatsächlich schon so lange in Kamerun!- sind wie im Flug vergangen und bald ist Halbzeit. Unglaublich. Heute kommen ein paar andere Freiwillige nach Limbe, morgen schlafen wir am Strand und feiern dort einen deutschen Heilgabend und am 25sten, wenn die Kameruner Weihnachten feiern, bin ich bei den verschiedensten Freunden eingeladen und werde mich an den verschiedensten Orten bis oben hin mit leckerem Essen vollstopfen :

Ich wünsche euch allen ein wunderschönes Weihnachtsfest! Und, falls ich es nicht mehr schaffe, bis dahin einen neuen Blogeintrag zu schreiben, einen guten Rutsch!

Ich denke an auch. Fühlt euch gedrückt!

Bis dahin, alles Liebe!

Montag, 10. Januar 2011

Schon mal eine Kuh geschlachtet?

Nein, ich auch nicht. Ich durfte aber dabei zugucken. Vor einem Monat ist die Tante von Basil, meinem Tutor, gestorben und die Vorbereitungen für die Beerdigung, die am Samstag stattgefunden hat, sind in vollem Gange. Als ich diese Woche eines Morgens ahnungslos zum Office marschierte, traf ich dort Basil, Verwandte und Freunde an, die sich allesamt auf der Wiese vor unserem Office versammelt hatten, und dort auf die Ankunft der Kuh warteten. Die kam dann auch irgendwann, in Begleitung ihres Hirten und drei anderen Kühen, die das Ganze aber nicht mit angucken mussten, weil sie nach ein paar Minuten wieder davon getrieben wurden. Wer sich den ganzen Prozess nicht allzu bildlich vorstellen möchte, kann und sollte den nächsten Abschnitt vielleicht überspringen!

Der Kuh wurde ein Seil um die Beine geschlungen und unsanft auf die Seite geworfen. Einer der beiden Schlachter hat den Kopf festgehalten, während der andere die Kehle der Kuh aufschnitt. Wichtig ist, dass der Mann, der den entscheidenden Schnitt macht, ein Moslem ist, da das Fleisch ansonsten nicht von allen Menschen auf der Feier gegessen werden würde. Dann wurde darauf gewartet, dass das Tier verblutet. Ich fand es erschreckend zu sehen, wie lange es noch am Leben war und sich im Todeskampf hin und her gewunden hat. Mehr oder weniger erfolgreich wurde versucht, den Prozess zu beschleunigen und damit für die Kuh zu erleichtern, indem Wasser in die Aorta gegossen wurde. Dann ging das Auseinanderschneiden los. Der Kopf wurde abgetrennt, genau so wie die Haut und die Beine, anschließend wurde die Kuh ausgenommen, dann das ganze Fleisch in ein Auto verfrachtet und zum Haus kutschiert, wo die Verarbeitung direkt losgegangen ist. Zu sehen, wie aus einem so lebendigen Tier ein riesiger Fleischhaufen wurde und zu wissen, dass das das Fleisch ist, das ich auf der Beerdigung essen werde, war eine merkwürdige Erfahrung. Mit dem ganzen Blut und dem rohen Fleisch hatte ich kein Problem, aber den Übergang vom Leben zum Tod so direkt mit anzusehen hat mir doch Gedankenstoff für den restlichen Tag gegeben. Letztendlich sah man kaum noch, was dort auf der Wiese eigentlich von sich gegangen ist, nur der Geruch nach Fleisch hing noch in der Luft.

Am Freitag fand dann das so genannte „wake keeping“ statt. Basils riesige Familie, Freunde und Freundesfreunde haben der „late aunty“- der verstorbenen Frau- die letzte Ehre erwiesen, es wurde gegessen, getrunken, getanzt und gelacht. In dem Familienhaus und auf der Straße davor waren Stühle und Tische aufgebaut, um all den von Nah und Fern angereisten Besuchern Platz zu bieten; abends waren circa 1000 Leute da, den Trubel kann man sich ja vorstellen. In einem Raum des Hauses war der Körper der Toten aufgebart. Ich habe mich getraut und habe mir das Ganze mal angeschaut. Ich habe noch nie einen toten Menschen gesehen und bin trotzdem ohne große Emotionen wieder aus dem Zimmer rausgekommen. Weil die Tote einfach so unecht aussah. Geschminkt, zurecht gemacht und in einen Glaskasten gesteckt, wirkte die Frau eher wie eine Puppe als wie eine Leiche. Der Abend war auf jeden Fall klasse! Vor allem als es ans Tanzen ging hatte ich viel Spaß. Eine lange Schlange aus Menschen hat sich zu Trommel- und Trompetenmusik auf den Weg ins Haus gemacht, hat in dem Raum der Toten einen kurzen Stopp eingelegt und hat sich dann um das ausgehobene Grab versammelt. Das sich übrigens im Garten das Hauses befindet- dass Verwandte in oder neben ihren Häusern beerdigt werden, ist hier nicht unnormal. Die Musik, der Gesang dazu und das Tanzen soll dem Tod zeigen, dass man die Verstorbene nicht vergessen wird, obwohl er sie mitgenommen hat. Ich habe mittlerweile schon ziemlich gut raus, wie man die traditionellen Tänze tanzt, oder zumindest so tut, als wüsste man wie. Also habe ich fleißig mitgetanzt und für Erheiterung bei den anderen Gästen gesorgt. „The white girl knows how to dance!“ Oh ja! Ich habe viel Lob für meine Tanzkünste bekommen und es genossen, mich als einzige Weiße unter 999 Schwarzen nicht fremd zu fühlen. Um drei Uhr in der Nacht hatte ich dann aber genug und bin- unter Protest meiner Freunde- nach Hause gefahren. Dort habe ich mich ein paar Stunden hingelegt, nur um um neun wieder aufzustehen und wieder zu Basils family house zu fahren, wo sich bereits die ganze Gesellschaft versammelt hatte, um den Sarg zur Kirche zu begleiten. Ich habe mich in eins der Autos geschwungen und mich zur Kirche kutschieren lassen, um dort dem langen, aber sehr schönen und herzlichen Gottesdienst beizuwohnen. Auch hier wurde wieder viel gesungen und getanzt und ich finde, dass sich deutsche Feiern und Gottesdienste in der Hinsicht noch eine Menge bei kamerunischen Feierlichkeiten abgucken können. Nach dem Gottesdienst ging es wieder zurück zum Haus, wo- war kann raten?- gegessen, getrunken und getanzt wurde. Ich musste irgendwann aber weg, weil ich ein meeting für mein Projekt hatte. Und das an einem Samstag! Das nenne ich Einsatz!

Diese Woche hat die Arbeit wieder angefangen. Eigentlich gab es im Office kaum etwas zu tun; Basil war voll und ganz mit den Vorbereitungen für die Beerdigung beschäftigt, Roland ist grade erst aus Buea wiedergekommen und die Anderen treiben sich auch irgendwo anders herum. Ich musste diese Woche jeden Morgen recht früh raus und zu den verschiedenen Schulen zu gehen, um dort die Schüler während der morgendlichen Versammlung über unser Projekt zu informieren. Das läuft soweit ganz gut. Am Donnerstag waren wir an einer Schule, an der ich auch mein "Healthy Campus 2010"- Projekt durchgeführt habe, die meine absolute Lieblingsschule ist und wo ich nach langer Zeit mal wieder meine ehemaligen Schüler getroffen habe. Dort habe ich zum ersten Mal tatsächlich gesehen, wovon mir bisher nur erzählt wurde: punishment, das heißt Bestrafung für "ungehorsame" Schüler. Ein Junge aus dem höchsten Jahrgang wurde während der Versammlung nach vorne gerufen, wo ihm vorgeworfen wurde, die Schule geschwänzt zu haben. Er ist nicht zur Schule gekommen mit der Begründung, er fühle sich schlecht, sei aber in Wahrheit gar nicht krank gewesen. (Sein großer Bruder hat ihn übrigens bei dem Discipline Master verpfiffen!) Der Junge musste sich vor die versammelten Schülerschaft stellen und sich erst einmal eine ordentlich Standpauke anhören. Dann hat der Discipline Master seinen Stock herausgeholt und diesen dem Jungen drei Mal über das Hinterteil gezogen. Ich war etwas geschockt, nicht unbedingt wegen des Schlagens- das ist zwar schlimm genug, aber hier in den meisten Schulen leider Normalität-, sondern weil das Ganze vor den anderen Schülern von Statten gegangen ist. Ich denke, dass in so einem Moment der Schmerz gar nicht mal das Schlimme ist, sondern die Gesichter der Kameraden, die nur darauf warten, dass du dein Gesicht verziehst.Wir haben diese Woche insgesamt fünf Schulen besucht- jeweils morgens bei der General Assembly, die zwischen 6.15

und 7.15 Uhr stattfinden. Und das direkt nach den Ferien...Uff. Insgesamt kam unser Projekt aber gut an und ich war froh, dass ich kein Problem damit habe, vor vielen Menschen zu sprechen. Die Schule, die wir heute besucht haben, hat sage und schreibe 2400 Schüler!

Auf der Arbeit wird es wohl ein paar Veränderungen geben- nur drei meiner aktuellen Kollegen werden auch in diesem Jahr noch mit dabei sein. Basil hat entschieden, die Anzahl der Mitarbeiter zu reduzieren und dafür die, die bleiben, besser zu bezahlen. Das hört hart an, ist aber meiner Meinung nach richtig. Die zwei, die gehen müssen, haben, um ehrlich zu sein, kaum gearbeitet. Trotzdem ist es schade um und für Minette und Julius. Julius hatte aber sowieso vor, Anfang Februar aufzuhören, weil er dann in die Niederlande geht, um dort zu studieren, aber Minette hat immer etwas für Östrogen- Ausgleich zwischen all den Kerlen auf der Arbeit gesorgt. Ich bin aber erstmal glücklich, dass Beltus und Roland bleiben, ohne die meine Arbeit einfach nicht das Selbe wäre. Der Plan ist, eine neue Person für die Finanzen einzustellen, die eigentlich unter Minettes Aufgabenbereich fallen, um die sie sich aber kaum gekümmert hat.

Ja, dann gab es ja auch noch Weihnachten, Silvester und meinen Geburtstag. Heiligabend haben ein paar Freiwillige und ich am Strand verbracht. Wir haben die Küche des dazugehörigen Hotels gemietet, lecker gekocht und einen schönen Abend am Strand mit Kerzenlicht und Gitarrenmusik verbracht. Geschlafen haben wir in Zelten, die am Strand für uns aufgebaut wurden. Am 25sten sind wir Morgens noch am Wasser geblieben und haben uns am Nachmittag auf den Nach-Hause- Weg gemacht. Abends war ich mit kamerunischen Freunden Fisch essen und was trinken. Die meisten Kameruner gehen an Weihnachten nämlich feiern! An Heilgabend geht's ab in den Night Club. Ich fand das etwas merkwürdig, weil ich die meisten Menschen hier als sehr religiös erlebe und sich in meinen Augen das Fest der Liebe und Familie nicht mit Trinken und Feiern gehen verbinden lässt. Das eine schließt das andere aber nicht aus: Morgens ist Kirche angesagt und Abends weggehen. So einfach ist das!

Silvester ging's nach Buea, wo knapp 20 Freiwillige zusammen gefeiert haben. Es wurde Chili con carne, Obstsalat und Bowle genossen, das Jahr 2011 begrüßt und irgendjemand in der Stadt hat sogar drei Raketen in die Luft geschossen. Unsere Freude darüber kann man sich ja vorstellen. Nach 12 sind ein paar von uns noch in den überteuerten Nobel Night Club in Buea gegangen. Aber man kann sich zu Silvester ja auch mal was gönnen. Dort haben wir dann bis zum Morgen getanzt und uns ein paar Stunden später mehr oder weniger fit auf den nach Hause- Weg gemacht. Zu Hause wartete dann die nächste Überraschung auf mich: vier Freiwillige vom EED, dem Evangelischen Entwicklungsdienst, mit kamerunischen Anhang. Anfangs war ich von dem vollen Haus, das ich vor fand, nicht besonders angetan, weil ich unter einem kleinen Gruppenkoller litt, aber letztendlich war ich doch froh, die sieben hier zu haben. Eigentlich hatte ich nicht geplant, in meinen Geburtstag reinzufeiern, aber dann waren ja schon mal Mitfeierer da und die Gelegenheit wurde genutzt. Wir haben ein paar Runden Werwolf (auf Französisch! Bestimmt eine internationale Premiere) gespielt und sind dann losgezogen auf einen Drink ans Meer. Um 12 wurde für mich gesungen, ich wurde hochgelebt und mir wurde mein erstes Geschenk überreicht: ein gekochtes Ei und kandierte Erdnüsse. Es war ein spontanes Geschenk.

So sehr ich die anderen Freiwilligen mag, war ich froh, auch wieder in mein kamerunisches Leben einsteigen zu können. Ich habe während der Feiertage viel Zeit mit Daniel und Beltus- Freunden von mir- und Daniels Cousin Julius verbracht, der Kameruner ist, drei Jahre in Deutschland gelebt hat und dann nach Manchester gezogen ist. Für drei Wochen hat er jetzt mal wieder sein Heimatland besucht und ich war etwas geknickt, als ich mich am dritten Januar schon wieder von ihm verabschieden musste. Wir haben uns super verstanden und unsere gemeinsame Zeit war einfach zu kurz.

Meine Laune- Kurve zeigt steil nach oben! Mir geht es so gut im Moment, dass ich spontane Lachanfälle auf dem Moto kriege, weil ich das Leben hier so genieße. Oder spontane Tränenausbrüche, wenn ich daran denke, dass schon fast Halbzeit ist. Ich bin doch gerade erst angekommen?! Jetzt freue ich mich erst mal auf Mama, Papa und Schwesterlein, die mich im Februar für zwei Wochen besuchen kommen. Ich bin schon fleißig am überlegen, welche Plätze unbedingt besucht werden müssen und kann mir beim besten Willen nicht vorstellen, wie ich mit meiner Familie durch die Straßen von Limbe laufe. Alleine der Gedanke ist schon sehr irreal. Die Welt, in der ich hier lebe, habe ich alleine entdeckt und kein Teil oder keine Person meines „normalen“ deutschen Lebens habe ich mit hergenommen. Das meine drei wichtigsten deutschen Teile auf einmal in meine kamerunische Welt treten, ist eine merkwürdige Vorstellung. Aber auch eine sehr schöne.

Ich habe mir gerade nochmal einen meiner ersten Blogeinträge durchgelesen. Der wirklich sehr, sehr depressiv klang. Ich schrieb darüber, wie lange dieses Jahr sein wird, wie sehr ich meine Familie vermisse und wie einsam ich mich hin und wieder fühle. Es ist jetzt so anders! Ich fühle mich so wohl, so gut, so integriert. Kein Fremdkörper mehr, sondern ein Teil des Ganzen. Ich glaube, das hat sehr viel mit meinem Umzug zu tun. Seit ich mit Conny und Raphael lebe, fühle ich mich nicht nur zu Hause wohler, sondern gehe auch mit einem ganz anderen Gefühl und einer anderen Ausstrahlung aus dem Haus und in die Begegnungen mit anderen Menschen. Ich habe meine kamerunischen Freunde, nach denen ich mich am Anfang so gesehnt hatte. Ich habe am Wochenende einen Freund wiedergetroffen, den ich das letzte Mal relativ am Anfang meiner Zeit hier in Buea gesehen habe. Er sagte, ich hätte mich verändert. Damals in Buea hätte ich noch sehr unsicher gewirkt, so, als wüsste ich nicht, wie ich auf die Menschen zugehen soll, mit ihnen agieren und sprechen soll. Ich sei nicht direkt schüchtern gewesen, aber zurückhaltend. Jetzt wirke ich so, als sei ich angekommen, voll und ganz hier und ich selbst. Selbstbewusster, selbstbestimmter und nicht mehr „übervorsichtig", wie er es nannte. Das hat mich so gefreut, dass man anscheinend sogar bemerkt, was ich bis jetzt nur für mich selbst festgestellt habe: ich bin voll und ganz hier. Und voll und ganz glücklich.

Bis dahin, alles Liebe!

Donnerstag, 13. Januar 2011

Ein Spendenaufruf

Die meisten von euch werden wohl schon von meinem aktuellen Projekt gehört haben: das Magazin 'In Between', das Paula und ich ab Februar monatlich herausbringen wollen. Wir werden ein Team von 15 Schülern um uns herum haben, die mit uns gemeinsam Artikel, Geschichten, Gedichte etc. über die Themen Gesundheit, Umwelt, Sozialleben und Zukunftsorientierung schreiben werden. So sollen nicht nur die jungen Leser dieses Magazins ein besseres Wissen über diese Themen erlangen, sondern die Autoren selber natürlich auch. Ganz 'nebenbei' verbessern sie noch ihren Schreibstil, lernen, wie man recherchiert und eine Zeitschrift herausbringt. Paula und ich haben die letzten Wochen damit verbracht, von A nach B nach C und wieder zurück nach A zu laufen, um Schulleiter und Schüler zu mobilisieren, einen Raum zum Team- Treffen und natürlich Geld zu organisieren. Wir waren bei vielen lokalen Organisationen und Instituten und haben immer ein voll und ganz positives Feedback bekommen. "Wow, ein tolles Projekt, das muss unbedingt unterstützt werden!" Wir haben allerdings immer noch keine Rückmeldung bekommen und haben jetzt einen zweiten Zug durch Limbe gestartet, in dem wir nun auch Werbung in unserem

Magazin anbieten. So hoffen wir, das Geldgeben noch attraktiver zu machen.

Unser erstes Magazin soll im Februar herauskommen. Wir wissen nicht, ob wir diesen Plan einhalten können, weil uns im Moment einfach die Finanzen fehlen. Deswegen wende ich mich nun an alle Leser meines Blogs: Wer mein Projekt hier in Limbe, Kamerun, unterstützen möchte, und sei es nur mit ein paar Euros, dem wäre ich unendlich dankbar! Die Hauptkosten sind die für das Drucken des Magazins, aber auch die Schreibmaterialien und die Transportkosten für die Schüler unseres Teams müssen bezahlt werden.

Ich danke euch allen schon mal im Voraus! Ich sende etwas Sonne aus dem warmen, warmen Kamerun und denke an euch alle da draußen.

Bis dahin, alles Liebe!

Mittwoch, 26. Januar 2011

Der verspätete Kulturschock

Den habe ich letztes Wochenende ich Douala erlebt. Aber eher "the other way around" als eigentlich erwartet. Paula und ich hatten Anfang der Woche spontan entschlossen, am Wochenende in die wirtschaftliche Hauptstadt Kameruns zu fahren, um dort mal etwas Großstadtluft zu schnuppern. Wir packten also die Zahnbürste, den Fotoapparat und Geld in unsere Taschen und machten uns Samstag Morgen auf zur Half Mile, wo die Autos nach Douala auf Passagiere warten und losfahren, wenn sie voll sind. Voll bedeutet in diesem Fall aber nicht fünf Personen, sondern meistens sieben. Rein passen tut immer noch jemand. Die

Fahrt war also dementsprechend eng (Paula: „Ih, Lea, nimm dein Schwitzbein von meine Wade! Uhrgs, wessen Hand ist das?“), aber wir sind diese Art des Reisens mittlerweile gewöhnt und länger als 1,5 Stunden fährt man sowieso nicht. In Douala angekommen haben wir uns in ein Taxi geschwungen und uns durch die Stadt zu Verenas Unterkunft kutschieren lassen, wo wir für das Wochenende untergekommen sind. Verena ist eine EED- Freiwillige. Insgesamt sind drei Freiwillige des Evangelischen Entwicklungsdienstes in Douala; Vincent und Marius wohnen nur wenige Meter von Verena entfernt. Wir haben also unsere Sachen abgelegt und Paula und ich haben uns ins Abenteuer begeben. Douala ist so ganz anders als Limbe; nämlich eine Millionenstadt mit mehr als drei Ampeln, unendlich vielen Supermärkten und so vielen Menschen! Die erste Anlaufsstelle war ein „Restaurant Senegalais“, in dem man Chawama essen konnte- eine Art Mischung zwischen Döner und türkischer Pizza. Unsere Freude über dieses Delikatesse, auf die wir so lange verzichten mussten, könnt ihr euch ja vorstellen. Anschließend ging es auf den Kunstmarkt, wo wir Masken und Schmuck bestaunt und uns anschließend auch etwas gegönnt haben. Und dann... kam der Supermarkt. Wir sind in einen Casino supermarché gegangen, der einer französischen Kette angehört (Doualas Wirtschaft wird immer mehr von Franzosen und vor allem Chinesen übernommen) und der von innen auch aussieht wie ein Supermarkt in Frankreich. Hinzu kam noch, dass man innerhalb des Supermarktes mehr Weiße als Schwarze gesehen hat, was das „Frankreich- Gefühl“ noch verstärkt hat. Paula und ich sind von einem Regal zum anderen gerannt, haben den Vanillepudding, die mousse au chocolat, den Honigkuchen, die Schoko- Cornflakes und die Haribo mit den Augen verschlungen und sind beinahe umgefallen, als wir vorm Eis- Regal standen. Dann sind wir umgefallen, als wir die Preise gesehen haben. Also sind wir ohne Einkäufe, dafür aber noch mit Geld in den Taschen aus dem Casino raus und haben uns wieder an dem kamerunischen Anblick der Straßen erfreut.

Für mich war das eine sehr interessante Erfahrung; zu erleben, wie dieser

„normale" (in den Augen einer Europäerin) Supermarkt mich aus den Socken gehauen hat. Wir haben hier zwar auch Supermärkte in Limbe, die aber anders aufgebaut sind und wo man kein Haegen Daaz- Eis kaufen kann. Ich war ziemlich überwältigt von der riesigen Auswahl an so ziemlich allem und hatte mehr das Gefühl eines Kulturschocks, als damals vor einem halben Jahr, als ich in Kamerun angekommen bin. Ich bin schon sehr gespannt darauf, wie es sein wird, sich einfach aufs Fahrrad zu schwingen und bei Rewe um die Ecke einen Bauer-Joghurt zu kaufen.

Bitte denkt jetzt nicht: Ah, ich wusste es, die Afrikaner sind nicht so weit entwickelt und ein Supermarkt ist etwas besonderes. Ja, ein Supermarkt ist ungewöhnlicher als er es in Deutschland ist, dafür findet man hier an jeder Ecke einen Markt oder Stände, die frisches Essen direkt an der Straße verkaufen. Die Kameruner könnten sich auch denken: Man, sind die Deutschen bescheuert, die ganzen importierten Waren für teuer Geld im Kühlregal, warum nicht frisch und billiger auf dem Markt? Es ist immer eine Sache des Blickwinkels.

Dann waren wir auf dem Markt. Der war, verglichen zu den Märkten, die ich bis jetzt kennen gelernt habe, der anstrengendste. Man bekommt als Weiße immer besonders viel Aufmerksamkeit, die sich meistens in „Whiteman, I have nice things here!" oder „La blanche, ici!"- Rufen äußert. In Douala wurden wir aber auch festgehalten, zurückgezogen und nach vorne geschubst und mit jemand rief: „La blanche, je vais te faire un bébé!" (Weiße, ich werde dir ein Baby machen!),als wir vorbeigingen. Das war nicht nur unangenehm, sondern auch echt nervig. Paula ist es irgendwann zu viel geworden und hat die Männer, die sie zu ihrem jeweiligen Stand ziehen wollten, auf Deutsch angeschrien. Das fand ich sehr cool und es hat seine seine Wirkung nicht verfehlt: Paula wurde losgelassen. Ich habe dann mehr oder weniger erfolgreich versucht, den Männern auf meinem mittlerweile sehr mickrigen Französisch zu erklären, dass man als Frau nicht so gerne von Fremden begrabscht wird. Das Gegenargument: „Wir sind hier in Afrika. Da fassen die Männer die Frauen an." Da hatte ich den Drang, jemanden zu schlagen und bin lieber gegangen. Wir wurden auf unserem Vorbereitungsseminar schon fast darauf getrimmt, nicht zu verallgemeinern oder in Stereotypen zu denken. Also versuche ich, Ausdrücke wie "die Afrikaner" oder "die Leute hier" etc. zu vermeiden. Aber dann kommt hin und wieder so eine Bemerkung wie die auf dem Markt in Douala. Von den Kamerunern selbst. Oft höre ich den Satz "This is Africa." Zum Beispiel als Begründung dafür, dass viele Kinder geschlagen werden. "Die afrikanischen Kinder kann man nicht anders erziehen. Die verstehen das sonst nicht." Hallo? Eine Diskussion ist in so einem Moment meistens nicht möglich und ich bin schon öfter etwas frustriert aus solchen Konversationen herausgekommen.

Abends waren Vincent, Paula und ich dann tanzen. In einem Edelclub, für den Paula und ich eine komplizierte Schuh- Tausch- Aktion starten mussten, weil sie mit ihren Flip Flops nicht reingekommen ist. Als wir dann aber drin waren, haben wir zu kamerunischer und westlicher Musik getanzt, gesungen und gefeiert bis in die Morgenstunden. Und das Ganze ohne Eintritt zu bezahlen; der Club lebt von den Drinks, die die Besucher kaufen und die unverschämt teuer sind. Aber man ist nicht gezwungen, sich einen Drink zu kaufen und so sind wir dem Zahlen geschickt entkommen. Sonntag waren wir dann dementsprechend etwas geplättet und haben den Vormittag mit Film und Pizza verbracht. (Selbstgemacht! Vincent und Marius haben einen Ofen zu Hause!) Dann ging es wieder zurück nach Limbe und ich Dorfkind habe mich noch etwas von meinem Großstadt- Abenteuer erholt.

Im Nachhinein ist uns aufgefallen, dass diese Wochenende praktisch unsere Halbzeit- Feierei war: am Samstag waren wir genau sechs Monate in Kamerun. Ab jetzt ist es ein Count Down. Der größere Teil meiner Zeit hier wird ab jetzt hinter mir und nicht mehr vor mir liegen und das ist ein merkwürdiges Gefühl. Meine

Gefühle gegenüber dieser Tatsache schwanken sehr. Hin und wieder habe ich immer noch dieses schwummrige Gefuehl im Magen wenn ich aufstehe; eine Mischung aus Heimweh und einfacher Vermissung. Von Menschen, Orten und Aktivitäten. Dieses Gefühl hält aber höchstens so lange an, bis ich auf den Balkon trete und über die Dächer bis zum Meer gucken kann. Und wenn selbst das nicht hilft, habe ich spätestens auf der Arbeit jemanden, mit dem ich reden und Spaß haben kann und der mein Gefühl des Verloren- Seins verschwinden lässt. In solchen Momenten will ich dann aber gar nicht darüber nachdenken, wie es sein wird, mich von Limbe verabschieden zu müssen. Paula und ich hatten schon einen kleinen Schock, als wir bemerkt haben, dass „nur noch" ein halbes Jahr bleibt und jeden Tag fallen uns neue Dinge ein, die wir vermissen werden. Dadurch machen wir es uns nicht gerade leichter und wir haben uns verboten, zu viel darüber nachzudenken. Das macht es nämlich schwierig, das, was wir ja immerhin noch sechs Monate um uns haben, richtig zu genießen.

Auf der Arbeit gibt es gerade jede Menge zu tun. Letzte Woche hatten wir unser erstes Team- Meeting für das Magazin und sind guter Dinge, dass wir einige motivierte und talentierte Schüler dabei haben. In den nächsten Wochen wird sich das Team wohl noch mal reduzieren, bis dann am Ende hoffentlich die Jugendlichen übrig bleiben, die dauerhaft Artikel und Ideen mitbringen. Die Finanzierung ist immer noch ein Problem. Es sieht so aus, als könnten wir durch Privatspenden zumindest die erste Ausgabe finanzieren und machen es so den Insitutionen und Organisationen hier leichter, uns zu unterstützen, indem wir ihnen zeigen: Hey, schaut mal, wir haben's tatsächlich drauf! Letzte Woche habe ich Amungun, einem Kameruner, der seit acht Jahren in England lebt, bei seinem Projekt unterstützt, das noch in den Kinderschuhen steckt, aber sehr gut durchgeplant ist und eine- meiner Meinung nach- super Idee als Grundlage hat. Es geht darum, Kinder und Jugendliche zwischen acht und 17 Jahren, die ein besonderes Talent oder Begabung haben, zu unterstützen. Diese

Begabung kann ein mathematisches Talent sein, musikalische Begabung, oder der Sinn für Farben. Das Projekt wird in ganz Kamerun stattfinden und aus den verschiedenen Regionen letztendlich die jeweils 10 talentiertesten Jugendlichen zusammenbringen, die auf Konferenzen und Wettbewerben Ideen und Innovationen austauschen und planen können. Außerdem sollen die Top 2% der Jugendlichen ermittelt werden, die ein Profil auf einer Internetseite bekommen. Dieses Projekt finde ich klasse, weil die Talente vieler Schüler hier einfach verkümmern. Die Lehrmethoden sind nicht darauf ausgerichtet, die Kreativität der Schüler zu fördern, geschweige denn, sie bei eigenen Projekten zu unterstützen. Die am meisten verbreitete Lehrmethode ist die des Frontalunterrichts; die Schüler schreiben auf, was der Lehrer vorgibt und geben es auch genau so wieder. Und wehe, jemand schreibt, 1+3 ergibt 4, wenn der Lehrer doch an die Tafel geschrieben hat, dass 2+2 gleich 4 ist!

Ich habe also die letzte Woche mit Amungun die sechs Schulen, mit denen ich in meinem eigenen Projekt arbeite, abgeklappert und den Schulleitern das Projekt vorgestellt. Das Ganze war mit mir um einiges einfacher, als wenn Amungun alleine hätte gehen müssen, da die Schulleiter mich schon kannten und sich, nach einem kurzen Anruf, dann auch Zeit für uns genommen haben. Es war ein gutes Gefühl, eine Aufgabe zu haben, die niemand anderes hatte übernehmen können und die mich sozusagen unersetzlich macht. Zwar ist Be 'In Between' auch ein Projekt, das ich mir gemeinsam mit Paula ausgedacht habe und das nur wir auch durchführen können, aber gerade zu meiner Anfangszeit bei ASYOUSED habe ich mir gedacht: Hey, diese Arbeit ist ja schön und gut, aber im Grunde brauchen die mich doch gar nicht hier!? Dieser Gedanke ist schon vor langer Zeit abgelegt und jetzt endgültig begraben worden. Auch mein Tutor, der ja gleichzeitig mein Boss ist (auch wenn er dieses Wort nicht mag) ist um einiges relaxter geworden, was Arbeitszeiten oder spontane Urlaube angeht. Er hatte wohl etwas Angst, dass ich so werden könnte wie einer der Freiwilligen aus der letzten Generation, der irgendwann gar nicht mehr zur Arbeit gekommen ist, als sein Chef ihm etwas mehr

Freiräume gelassen hat. Basil hat jetzt aber wohl gemerkt, dass ich tatsächlich arbeite und das mache, was von mir erwartet wird- sogar mehr. Also ist es meistens auch kein Problem, wenn ich meine Pause verschiebe oder um einen freie Tag bitte. So wie Freitag nächster Woche, wenn der Mount Cameroon bestiegen wird. Ich weiß noch nicht, wie genau ich da hochkommen soll. Jemand wird mich wohl rollen müssen. Den Sport lasse ich im Moment etwas schlurfen, es ist einfach so heiß! Und das ist keine Ausrede, sondern die Wahrheit! Aber hoch komme ich schon und runter geht es auch wieder irgendwie. Mal schauen, was meine Muskeln mir dann am Montag so erzählen.

Die Zeit fliegt im Moment nur so vorbei und ich genieße mein Leben hier. Zwischendurch wohne ich immer mal wieder ein paar Tage, manchmal- so wie im Moment- auch ein paar Wochen alleine, weil Conny und Raphael in Mamfe sind, wo sie gegen illegalen Holzabschlag vorgehen. Damit habe ich aber im Grunde kein Problem, nur das Kochen lasse ich etwas schlurfen und ernähre mich von Brot mit Tartina und Spaghettiomlette. Was meiner Fitness, um noch mal zum Berg zurückzukommen, nicht gerade zuträglich ist.Ich denke an euch!

Bis dahin, alles Liebe!

Donnerstag, 17. Februar 2011

Der Berg und ich Teil II

Am Donnerstag Abend kommen Paula und ich nass (ja, es regnet wieder!) und ausgelaugt in Buea an. Wir haben den Tag in Douala verbracht, wo wir endlich unsere erste Ausgabe von 'In Between' in den Druck gegeben haben. Wir legen unsere Sachen bei Jakob ab, wo wir die Nacht verbringen wollen und machen uns auf den Weg zu Jean Claude, unserem Süd- West Koordinator und gleichzeitig Besitzer einer Ecotourism- Organisation, die Touren auf den Mount Cameroon organisiert. Wir besprechen den morgigen Tag mit ihm und bestimmen den Essensplan – weil noch keine anderen Bergbesteiger da sind, haben die Anderen keine andere Wahl, als einfach das zu essen, was wir an diesem Abend festlegen. Aber mit Reis und Spaghetti ist ja jeder gut bedient.

Am Freitag Morgen treffen sich 18 Freiwillige - von verschiedenen deutschen Organisationen; außerdem ein Schweizer, ein Engländer und eine Chinesin – bei Jean Claude, wo schon die Träger und unser Guide auf uns warten. Die Träger sind bereits in Diskussionen verwickelt, wer welchen Rucksack den Berg hinauf trägt und mein Rucksack landet letztendlich bei Yannic, einem kleinen, schmächtigen Jungen, der bestimmt nicht viel älter ist als ich. Später erzählt er mir, dass er die Touren macht, um sich dein Studium finanzieren zu können. Dass die Träger den Touristen das Gepäck den Berg hinaufschleppen ist normal. Und wichtig; manche Träger machen diesen Job hauptberuflich und finanzieren sich mit zwei Touren pro Woche ihr Leben. Mal abgesehen davon, dass die meisten Touris den Berg gar nicht erklimmen könnten, wenn sie ihr Gepäck, inklusive Isomatte, Zelt, Essen und Trinken, selbst tragen müssten – mich mit eingeschlossen. Die Träger haben eine unglaublich Energie und klettern teilweise in Flip Flops auf den Mount Cameroon – immer noch sicherer auf den Beinen als die Weißen in ihren dicken Wanderstiefeln. Mein Bewunderung ist den Männern auf jeden Fall sicher.

Wir machen uns also auf den Weg. Der erste Abschnitt ist den meisten von uns nicht unbekannt; der Teil des Aufstiegs, den wir an diesem Tag schaffen, sind wir schon im Oktober, am Welt-Umwelt-Tag gelaufen. Es geht hauptsächlich durch den Regenwald am Fuße des Mount Cameroons, dann gelangen wir hinter die Baumgrenze, in die Savanne, wo wir über Steine und Steppe bis zur Hut One klettern. Dort angekommen ziehen wir uns erst einmal um und alles an, was wir an Klamotten so mitgebracht haben. Es wir kalt auf dem Mount Cameroon. Die Träger kochen Reis mit Erdnusssauce und wir genießen die Wärme, die sich dank des heißen und scharfen Essens in unseren Körpern ausbreitet. Einer der Träger hat sich die Mühe gemacht, seine Gitarre mit auf den Berg zu transportieren und wir singen alle zusammen „No woman no cry",. bzw. dichten es um zu „No massa no cry" ('massa' heißt 'Mann' auf Pidgin), bevor wir alle ziemlich erledigt in unsere Schlafsäcke tauchen. Wir schlafen in der Hütte und ich habe das Glück, eine Matte auf der erhöhten Holzplattform zu ergattern. Die weniger Glücklichen müssen auf dem Boden schlafen und bekommen Nachts Besuch von Mäusen und anderem Getier.

Nach der kurzen und etwas unbequemen Nacht geht es früh Morgens weiter in Richtung Gipfel. Der Anfang der Strecke ist sehr steil, sehr anstrengend, aber auch sehr schön. Wir steigen höher, es wird nebeliger und windiger. Schließlich kommen wir ziemlich durchgefroren an der Hut Three an, dem letzten Halt vorm Gipfel, wo wir uns versammeln und uns schließlich in Richtung Gipfel aufmachen. Der Anstieg ist verdammt anstrengend, man kann keine fünf Meter weit gucken und der Gipfel will und will einfach nicht kommen. Dann erreichen wir ihn aber doch. Wir stehen auf über 4000 Meter Höhe und jubeln. Nach einer Minute müssen wir uns aber wieder an den Abstieg machen; der Wind ist einfach zu stark und die Temperatur liegt bei gefühlten minus 20 Grad. Ich hätte nicht gedacht, dass ich in Kamerun mal so dick eingepackt herumlaufen würde. Dann kommt der mit Abstand schönste Teil der Tour. Wir laufen durch die Steppe, dann über Vulkangestein und anschließend durch eine schwarze Wüste, die aus gemahlenen

Vulkansteinen entstanden ist. Wir erklimmen Krater, bestaunen die riesigen Löcher, die ein Ausbruch des Vulkans hervorgerufen hat und halten unsere Hände über ein Loch im Boden, aus dem warme Lust emporsteigt. Ja, der Mount Cameroon ist noch aktiv. Die Landschaft ändert sich stündlich und wir laufen gefühlte zehn Mal bis über den Horizont hinaus. Die Beine sind schwer, aber die Müdigkeit lässt sich beim Anblick dieser wunderschönen Natur einfach vergessen. Unsere große Gruppe teilt sich etwas auf, ich finde das sehr angenehm und genieße diese unglaubliche Landsschaft gemeinsam mit Eva und Jakob. Gegen halb sechs nähern wir uns wieder der Baumgrenze, wo sich unser Nachtlager befindet. Nach 10 Stunden ununterbrochener Wanderei kommen wir schließlich, glücklich und allesamt sichtlich beeindruckt, am Lager an. Diese Nacht schlafen wir in Zelten, die wir gemeinsam mit unseren Trägern aufbauen. Ich lerne einen Mann und eine Frau Ende zwanzig kennen, die vor drei Monaten ihre Afrika- Tour begonnen haben. Gestartet sind sie in Marokko und fahren jetzt die gesamte Westküste Afrikas ab. Ich höre mir gespannt ihre Geschichten an und nehme mir fest vor, irgendwann, in naher oder ferner Zukunft, auch eine solche Reise zu unternehmen.

Wir müssen zu dritt in einem zweier- Zelt schlafen, weil zwei Zelte wohl vergessen wurden. Auch diese Nacht wird also nicht besonders gemütlich. Aber wir beschweren uns nicht. Das ist es einfach nicht wert.

Der dritte Tag wird etwas hektisch und unentspannt. Wir müssen relativ schnell wieder unten sein, weil einige von uns eine lange Reise vor sich haben und früh aufbrechen wollen. Wir rennen also praktisch die letzten sieben Stunden den Berg hinab, wieder durch den uns schon so vertrauen Regenwald und kommen schließlich durchgeschwitzt, vollkommen erledigt und vollkommen glücklich wieder unten an. Wir nehmen uns Taxen, fahren zurück zum Startpunkt, wo wir unsere Rucksäcke von den Trägern wiederbekommen und ihnen ihr wohlverdientes Trinkgeld geben. Dann machen wir uns auf den Rückweg nach Limbe.

Der Trip auf den Berg war eine unglaublich schöne Erfahrung, von der ich froh bin, sie gemacht so haben. So eine schöne und unberührte Natur habe ich selten gesehen. Und ich frage mich immer wieder: warum wurde 'Der Herr der Ringe' nicht auf dem Mount Cameroon gedreht?

Bis dahin, alles Liebe!

Dienstag, 15. März 2011

...und was sonst so passierte

Mein letzter Blogeintrag ist schon wieder ein Weile her und ich würde ja gerne sagen, dass ich nun mal so beschäftigt bin, dass ich einfach nicht zum Schreiben komme. Das wäre aber gelogen. Deswegen sage ich, dass ich doch hin und wieder zur Faulheit neige und den dringend nötigen Blogeintrag etwas vor mir herschiebe. Aber jetzt komme ich das erste Mal seit langer Zeit auf der Arbeit wieder etwas zur Ruhe und nutze die freien Minuten, um euch da draußen über mein kamerunisches Leben hier auf dem Laufenden zu halten.

Was die Arbeit angeht, läuft alles im Großen und Ganzen so, wie ich es mir gewünscht und vorgestellt hatte. Paula und ich waren gestern in Douala (sehr abenteuerlich – dazu später mehr), um die zweite Ausgabe von 'In Between' in den Druck zu geben. Die haben wir, wie auch die erste Ausgabe, in letzter Sekunde fertiggestellt und die letzten Tage waren dementsprechend etwas gestresst. Das Projekt läuft zwar gut, aber das Ganze ist nicht ganz so einfach, wie wir uns das gedacht hatten. In unserem Schülerteam, das wir ein Mal in der Woche treffen, sind zwar viele motivierte und auch talentierte Schüler, aber die meisten wissen nicht, wie sie dieses Talent und ihre Kreativität in gute Artikel, Geschichten oder Gedichte umsetzen können. Das Schulsystem ist nicht darauf ausgelegt, die Kinder selbstständig und kreativ denken zu lassen und sie in ihren eigenen Ideen zu unterstützen. Das heißt, das es unsere Aufgabe ist, den Schülern zu erklären, wie sie ihre eigenen Einfälle und Ideen geordnet in Worte und dann auf Papier bringen können. Unser Team besteht im Moment aber noch aus knapp 30 Schülern, die kommen und gehen wann sie wollen und es schwierig machen, Ordnung in das ganze Projekt zu bringen. Deswegen werden wir jetzt wohl etwas radikaler durchgreifen müssen und werden beim nächsten Meeting den Schülern sagen, welche von ihnen auch noch zu den nächste Treffen einladen und welche von unserer Seite aus nicht mehr kommen sollen. Das ist zwar etwas hart, ermöglicht uns aber, mit den Schülern, die unserer Meinung nach am motiviertesten und talentiertesten sind, enger zusammen zu arbeiten und sie so noch besser zu unterstützen, als es ist jetzt in der großen Gruppe möglich ist. Durch die privaten Spenden aus Paulas und meinen deutschen Kreisen ist genug Geld zusammengekommen, um zumindest die ersten drei Ausgaben zu finanzieren. Das lokale Geldsammeln stockt gerade etwas, aber da müssen wir uns wohl oder übel in den nächsten Wochen wieder richtig rein hängen. Auf diesem Weg möchte ich noch einmal allen da draußen danken, die mir eine Spende überwiesen haben! Ihr habt uns sehr geholfen und uns die Sorgen genommen, ob wir überhaupt die erste Ausgabe drucken können. Vielen, vielen Dank!

Außerhalb der Arbeit ist auch alles gut. Ich wohne meistens alleine im Moment, weil Raphael momentan in Mamfe ist, um sich dort mal etwas zu entspannen und Connys Schwester zu Besuch ist und die Beiden durch die Gegend reisen. Ich habe eigentlich nichts gegen das alleine – Wohnen; es tut gut, nach einem anstrengenden, lauten und hektischen Tag in eine leere Wohnung zu kommen und dort voll und ganz seine Ruhe zu haben. Ich bekomme hin und wieder Besuch von den Jungs, die in meiner Nachbarschaft wohnen und die ich mittlerweile zu meinen Freunden zähle. Besonders witzig ist es, mit ihnen Fußball zu gucken. Jeder Spielzug, jedes Foul und jede Eigenschaft von jedem Spieler wird bis ins kleinste Detail diskutiert, in schnellstem Pidgin und in einer Lautstärke und einem Tonfall, dass man denken könnte, es wird über ein Nachbarschaftskonflikt gestritten. Was passiert, wenn ein Tor fällt, kann man sich ja vorstellen.

Bis vor eineinhalb Wochen war meine Familie für zwei Wochen hier in Kamerun und wir haben eine sehr schöne, sehr intensive Zeit miteinander verbracht. Die Fahrt in Raphaels Auto zum Flughafen in Douala war sehr abenteuerlich und hat meinem Herzen schwer zugesetzt. Wir mussten immer wieder anhalten, um den Motor abkühlen zu lassen und Wasser nachzufüllen, das auf unnatürlich schnelle Art und Weise verdampft ist. Normalerweise dauert die Fahrt nach Doula 1,5 Stunden. Wir haben doppelt so lange gebraucht. Ich war froh, dass wir überhaupt angekommen sind und habe noch eine Stunde ungeduldig auf die Landung des Flugezeugs gewartet. Als ich meine Schwester und meine Eltern endlich wieder in die Arme schließen konnte, fühlte sich das für fünf Minuten komisch und unwirklich an, dann schien es wieder wie das normalste der Welt; so, als wären wir nur ein paar Wochen und keine sieben Monate getrennt gewesen. Nach ein paar Tagen in Limbe haben wir uns auf den Weg gemacht nach Mundemba, zum Korup – Nationalpark, anschließend ging es nach Foumban, dann nach Bamenda, wo wir Basil, meinen Tutor, getroffen haben. Nora hat versprochen, einen Blogeintrag aus ihrer Sicht über diese zwei Wochen zu schreiben, was für euch Leser wahrscheinlich auch etwas spannender ist, als wenn ich „Alte“ das mache. Also, Nora, halte dich ran!

Die Tage mit meiner Familie waren unheimlich schön und haben mir mal wieder gezeigt, wie wichtig mir die drei sind. Meine Befürchtung, nach dem Besuch in ein

Loch zu fallen, oder ein Heimweh – Rückfall zu bekommen, hat sich nicht bestätigt. Klar, ich vermisse sie, aber zu wissen, dass wir uns in wenigen Monaten schon wieder sehen, hat es einfach gemacht, sie zu verabschieden.

Als wir gestern nach Douala gefahren sind, war ich so intelligent meine ID – Card zu Hause zu vergessen. Ich habe an die Anweisung des DEDs gedacht, NIE ohne Ausweis zu reisen und mir überlegt, noch mal zum Haus zurück zu fahren, bevor wir uns auf den Weg nach Douala machen. Aber wir wurde bisher noch nie kontrolliert, deswegen habe ich mir keine großen Gedanken gemacht und die Karte da gelassen, wo sie war. Nach 20 Minuten kamen wir in die erste Kontrolle. Ich musste aus dem Auto raus, mich erklären und wurde angewiesen, in das kleine Haus der Kontrollstelle zu gehen, um dort auf weitere Anweisungen zu warten. Ich hatte schon die Vorstellung im Kopf, wie ich aus dem Gefängnis geholt werden muss, als mein Fahrer zu mir kam und mir leise sagte, ich soll dem Officer einfach 1000 Francs (circa 1, 80 Euro) in die Hand drücken, dann wäre das okay. Ich hatte keine Wahl und machte mir nur um die anderen Kontrollen Sorgen, die bestimmt noch folgen würden. Der Fahrer raste aber einfach an diesen vorbei; ich hatte Glück und wurde nicht noch einmal kontrolliert. Auf dem Rückweg wollten wir einen der Busse nehmen, da diese seltener kontrolliert werden, haben dann aber ein riesiges, teuer aussehendes „Privattaxi" gefunden, das nach Limbe fuhr und dessen Fahrer zufällig irgendein hohes Tier bei der Armee war. Ich habe große Augen gemacht und ihm erzählt, dass mein Portemonnaie in Douala geklaut worden sei, ich deswegen keine ID hätte und nicht durch die Kontrollen kommen würde. Der Officer versicherte mir seinen Schutz und wir sind tatsächlich ohne Schwierigkeiten zurück nach Limbe gekommen. Trotzdem: meine ID werde ich nicht mehr vergessen. Nicht nur, um mir Schwierigkeiten zu ersparen, sondern weil ich die sehr ausgeprägte Korruption in diesem Land nicht auch noch unterstützen möchte.

Im Moment fällt es mir etwas schwierig, mit meinen Gedanken voll und ganz hier in Kamerun zu bleiben. Ich setze mich sehr intensiv mit meiner Zukunft auseinander; das Studium kommt näher und so ganz sicher darüber, was ich eigentlich will, bin ich mir immer noch nicht. Ich überlege hin und her, wäge ab, erstelle Pro und Contra – Listen und mache mich selbst verrückt. Die Vorstellung, dass ich schon in einem halben Jahr meinen Umzug in meine zukünftige Studium-Stadt vorbereite, kommt mir so unheimlich irreal vor! Die Zeit nach Afrika schien immer so weit weg. „Ach, das dauert noch." Aber in vier Monaten werde ich wieder in Deutschland sein. Und dann zur Uni gehen. Ein merkwürdiges Gefühl. Alle Freiwilligen, die noch keinen Studienplatz haben, beschäftigen sich im Moment mit diesem Thema, weshalb unsere Gespräche bei Freiwilligentreffen doch immer auf das eine hinauslaufen. Wenn dann zur Sprache kommt, das die erste Einreisegruppe ja in vier Monaten schon wieder nach Deutschland fliegt, kommen viele Kommentare wie: „Wow, so bald schon! Ihr seid ja praktisch schon wieder zu Hause!" Dann reden wir darüber, worauf wir uns freuen und was wir vermissen werden, was wir als ersten tun und essen werden, wie komisch dieses und jenes sein wird. Das macht es nicht gerade einfacher, die verbleibende Zeit nicht herabzuzählen, sondern zu genießen. Ich will nicht zurück nach Deutschland. Würde mir irgendjemand ein Rückflugticket für morgen anbieten, würde ich es verbrennen. Trotzdem: Deutschland fehlt mir.

Hinzu kommt noch, dass ich jetzt die Nachfolgerin von mir für ASYOUSED kenne. Ich habe ihren Lebenslauf geschickt bekommen, wir stehen schon in Mailkontakt und ich versuche, mich daran zu erinnern, wie ich mich damals gefühlt habe, als klar wurde, dass ich nach Kamerun gehen würde. Meine Nachfolgerin scheint echt nett zu sein, aber das Gefühl, dass in einem Jahr jemand anderes an meinem jetzigen Schreibtisch sitzen wird, jemand anderes mit meinen Kollegen nach der Arbeit was trinken geht und hin und wieder mal gesagt wird: „Lea hat damals dies und jenes gesagt...", das ist so schwer vorstellbar. Und traurig. Mir ist mit Schrecken aufgefallen, dass meine Zeit hier endlich ist.

Bis dahin, alles Liebe!

Mittwoch, 23. März 2011

Whiteman!

In Deutschland bin ich in einem Umfeld aufgewachsen, das mir zu verstehen gegeben hat, dass es kein „anders sein“ gibt. Oder zumindest geben sollte. Egal, ob Mädchen oder Junge, ob homo- oder heterosexuell, ob dick oder dünn, ob schwarz oder weiß. Ich habe gelernt, unter die Oberfläche der Menschen zu schauen, mich nicht von dem Aussehen lenken zu lassen. Okay, zugegeben, natürlich war und bin ich hin und wieder oberflächlich. Ich erwische mich dabei, wie ich jemanden ansehe und meine, diese Person nur aufgrund ihres Aussehens einschätzen zu können. Aber ich glaube, dass meine Stärke darin besteht, dass ich mir dessen bewusst bin. Dass ich mich von meinem ersten Eindruck nicht komplett einnehmen lasse, sondern mir ein zweites und schwerer wiegendes Bild durch Gespräche oder gemeinsame Aktionen bilde.

Bevor ich nach Kamerun geflogen bin, habe ich eine intensive Vorbereitung mitgemacht. Auf dem Vorbereitungsseminar haben wir uns unter Anderem auch mit dem Weißsein auseinandergesetzt. Wir haben uns Gedanken darüber gemacht, was wir und was andere mit unserer Hautfarbe verbinden, haben darüber gesprochen, wie wir mit der uns entgegengebrachten Aufmerksamkeit umgehen werden. Zu dem Zeitpunkt hatte ich noch keinerlei Vorstellung davon, wie es sein würde, als weiße Person zwischen Schwarzen zu leben. Es hat eine Weile gedauert, bis ich das Gefühl hatte, nicht mehr zwischen den Kamerunern zu leben, sondern mit ihnen.

Jeden Tag gibt man mir zu verstehen, dass ich anders bin. Dass ich anders aussehe. Wenn ich zur Arbeit gehe und die Kinder „whiteman!“ rufen, wenn ich auf dem Markt bin und mir Preise genannt werden, die dem 10 – fachen des Normalpreises entsprechen, wenn nach dem Erklimmen des Motos der erste Satz des Fahrers ist: „Do you want to marry me? I always wanted to marry a white!“

Wenn ich auf dem Markt anfange zu lachen, nachdem mir der Preis genannt wurde und mich über den „whiteman price“ beschwere, werde ich entrüstet angeguckt und mir wird mit Überzeugung ein Vortrag gehalten, dass wir doch alle gleich sind; egal, ob schwarz oder weiß. Der Meinung bin ich nach wie vor, nur ist es schwer für mich, mich „gleich“ zu fühlen, wenn ich nicht so behandelt werde. Auch nach acht Monaten des Lebens in Kamerun fühle ich mich hin und wieder so, als wäre ich erst ein paar Tage hier. Zum Beispiel dann, wenn ein Kameruner auf mich zukommt: „Whiteman, welcome to Cameroon!“.

Viele Menschen verbinden weiße Haut automatisch mit Reichtum. Was vom Ding her auch nicht falsch ist. Der Großteil aller Weißen, die nach Kamerun kommen, ist sehr viel reicher als der Durchschnittskameruner. Die meisten Touristen bezahlen wohl meistens auch den Touri – Preis und machen mir als „Teilzeitkamerunerin“ das Leben schwer. Ich weiß nicht, wie oft ich schon erklärt habe, dass ich Freiwillige bin, für ein Jahr in Limbe lebe und deswegen bitte auch den Preis für Einheimische zahlen möchte.

Ein Freund von mir hat gesagt, dass es wohl noch ein paar Generationen brauchen wird, bis der „whiteman“ in Kamerun nicht mehr so besonders ist wie jetzt. Durch die Medien ist die westliche Welt Afrika gefühlt so viel näher gerückt, was positive und negative Folgen mit sich bringt. Vielleicht kann das Fernsehen helfen, die Weißen nicht mehr als so etwas komplett Neues und Aufregendes aussehen zu lassen. Aber um noch einmal zum Thema Reichtum zurückzukommen: es hilft auch nicht wirklich, wenn die Jugendlichen auf MTV ansehen, wie amerikanische Gleichaltrige den Zuschauern ihre Riesenvilla, den Pool und die fünf Autos in der Garage zeigen.

Mir fällt es schwer zu glauben, dass wir jemals in einer Welt leben werden, in der alle gleich sind. Es wird immer einen Vorgang des Einteilens in Kategorien geben, bewusst oder unbewusst. Für die Menschen ist es einfacher, Schubladen zu bilden, klare Linien zu ziehen und so ihr Leben, ihr Verhalten und das von Anderen zu definieren. Das beziehe ich nicht nur auf mich als Weiße in Afrika, sondern auch auf Schwarze in Deutschland, oder anderen „whiteman countries“. Auch, wenn in Deutschland niemand auf einen Schwarzen zugeht, ihm die Hand gibt und sagt: „Blackman, welcome to Germany!“; Aus- bzw. Eingrenzung ist auch bei uns vorhanden. Vielleicht nicht so offensichtlich. Dafür viel mehr aus Bösartigkeit und weniger aus Neugier. Ich sehe das Erleben meines Weißseins vielleicht etwas zu negativ. Es ist eine einmalige und sehr wichtige Erfahrung für mich zu erleben, dass ich es bin, die anders aussieht. Und Bösartigkeit erlebe ich tatsächlich fast nie. Viel mehr Neugier.

Bis dahin, alles Liebe!

Donnerstag, 31. März 2011

Nora in Afrika

Hier wie versprochen Noras Blogeintrag ueber den Besuch meiner Familie. Sehr schön geworden, kleine Schwester !

Eigentlich hatte ich nicht damit gerechnet, Lea während ihres Afrika-Aufenthalts zu besuchen. Vielmehr dachte ich, sie wolle ihre Zeit dort wirklich nur für sich und Abstand zu uns, mir und meinen Eltern, aufbauen. Außerdem bin ich fest davon ausgegangen, dass es Sehnsuchts-mäßig für alle Beteiligten nach einem Besuch schlimmer sein würde.

Im Dezember, kurz vor Weihnachten, kündigte Lea aber an, sie würde uns doch gerne empfangen. Das war eben so überraschend wie schön. Die wenigsten in meinem Alter waren schon in Afrika, und so sehr in die Kultur reinzukommen, wie wir es getan haben, ist als normaler Tourist sicherlich viel, viel schwieriger. Bevor wir geflogen sind, hatte ich gemischte Gefühle. Nicht nur, weil praktisch alle Events, die ich hier in Deutschland miterleben wollte, auf diesen Zeitraum fielen, sondern auch, weil ich Befürchtungen und Vorurteile hatte. Ich freute mich zwar auf die Kultur, bin aber lange nicht so vorurteilslos in dieses Land gegangen wie meine Schwester. Ich hatte ja auch keine fünftausend Vorbereitungsseminare...

Im ersten Augenblick, als ich aus dem Flugzeug stieg, hatte ich kurz den abstrusen Gedanken, ich wäre verarscht worden. Die Luft war so drückend, so nass, und so heiß, und das obwohl es mitten in der Nacht war. Ich gewöhnte mich aber ziemlich schnell an dieses Botanik-Klima.

Vom Flughafen an sich war ich fast schon enttäuscht. Ich hatte tausende Männer erwartet, die sofort auf einen zukommen und die Koffer aus der Hand reißen wollen. Es waren letztendlich dann zwar auch relativ viele Leute da, aber niemand von ihnen wurde wirklich unangenehm aufsässig, wenn man ihm einmal gesagt hatte, dass man mit seinem Gepäck hervorragend selbst klarkommt. Das Wiedersehen mit Lea war, wie schon von ihr beschrieben, ganz seltsam. Es wurde innerhalb weniger Minuten wieder normal, mit ihr zusammen zu sein. Wenn man jemanden 15 Jahre lang jeden Tag sieht, machen zum Zeitpunkt des Wiedersehens 7 Monate der Trennung anscheinend nicht so viel aus, wie ich erwartet hatte. Besonders, wenn man erst 15 Jahre alt ist. Ich weiß noch, wie eng ich die Fahrt vom Flughafen nach Limbe fand. Meine Eltern und ich waren zu dritt auf einer engen Rückbank und hatten noch einige Rucksäcke auf uns. Wenn ich da gewusst hätte, was noch auf mich zukommen sollte, hätte ich den Komfort noch mal so richtig genossen.

Die nächsten Tage wurden ereignisreich, aber doch ziemlich entspannt. Ich verbrachte natürlich soviel Zeit wie es ging mit Lea, lernte ihre Freunde, ihre Arbeitskollegen und, am wichtigsten, ihr Leben kennen. Und ich habe gemerkt, dass ich froh sein konnte, dass ich nicht alle meine Vorurteile Zuhause gelassen habe. Das wäre einfach nicht gut gewesen, für die kurze Zeit, hätte ich nicht damit gerechnet, dass es halt Männer gibt, die mich wirklich nur wegen meiner Hautfarbe heiraten wollen. Besonders toll war ein Mann, der schon immer mal eine Weiße heiraten wollte, und dann, als ich verneinte, fragte, ob es sei, weil er schwarz ist. Ähm, nö. Hat er mir aber nicht geglaubt. Sowieso wurde mir nie so klar, wie weiß ich bin. Auch in Deutschland gehöre ich zu den Blasseren, und wenn dann die Winter-Nora nach Afrika geht, fällt das natürlich enorm auf. Ich nehme und nahm es niemandem übel, wenn er mich angestarrt hat. Weiß sein ist halt dort irgendwie besonders. Aber die „whitemen“ – Rufe waren dann doch eher überflüssig. Ja, ich weiß mittlerweile, dass ich weiß bin. Ansonsten habe ich mich in Limbe aber rundum wohl gefühlt. Es war zwar alles fremd, alles sah anders aus, alles klang anders und alles hatte den gleichen Geruch, der (nicht unbedingt negativ) ein bisschen nach süßlicher Verwesung riecht. Aber trotzdem habe ich mich nicht wie in’s kalte Wasser geschmissen gefühlt. Und das lag mit Sicherheit an meiner supercoolen Kamerun- erfahrenen Schwester, die mich bei meiner ersten Motofahrt („Lea, ist das normal, dass ich mich so an dem Kerl festhalte?“ „Nö, aber mach das ruhig, findet der gut“), meinem ersten Antrag, meinem ersten „Ohne-Wasser-und-ohne-Licht-nachts-mit-drei-Monsterkakerlaken-als-Gesellschaft-Toiletten-Gang“ unterstützte und mit weisen Ratschlägen zur Seite stand („Lea! Da sind drei Monsterkakerlaken auf’m Klo, was mach ich denn jetzt?“ „Ähm, auf’s Klo gehen?“).

So konnte ich schon am zweiten Tag dem Melonenverkäufer und Taxifahrer erläutern, dass ich die Preise kenne und gerne den normalen Preis zahlen würde. Ich hatte mich, würde zumindest ich behaupten, so gut eingelebt, wie es überhaupt in den wenigen Tagen ging, als wir aufbrachen und auf Reise gingen. Und das wurde mit Sicherheit zu dem größten Abenteuer meines bisherigen Lebens.

Unser Plan war, am ersten Reisetag nach Mundemba zu fahren, um von dort aus einen Tag den Regenwald zu durchforsten. Um nach Mundemba zu kommen, sind wir erst einmal zu 20ichst in einem 9-Sitzer nach Kumba gefahren, um da zu Acht (!!!) in einen Miniatur 5-Sitzer zu fahren. Mehrere Stunden lang, dicht an dicht mit fremden, schwitzenden Menschen, über löchrige Straßen, Motorschaden inklusive. In Mundemba angekommen, haben wir schnell noch alles für den folgenden Tag geplant und sind dann in unsere Hotelbetten gefallen. Der nächste Tag wurde der touristischste Tag der gesamten Reise. Wir standen frühmorgens auf und fuhren mit Martin, unserem Guide, zum Eingang des Nationalparks, der aus einer gigantischen Hängebrücke besteht. Die Kulisse ist nicht zu beschreiben, so etwas muss man gesehen habe. Der Regenwald an sich war im Vergleich dazu schon fast eher enttäuschend. Es war einfach lange nicht so laut oder so magisch, wie ich es mir vorgestellt hatte. Außerdem bin ich mit der Zeit ziemlich unentspannt geworden, was daran lag, dass überall riesige Elefantenspuren waren, die ich eher von Dinosaueriern erwartet hatte. Unser Guide wies uns schon darauf hin, wie wir die Bäume hochklettern hätten müssen, wenn wir Elefanten gesehen hätten- die seien gerade so aggressiv und würden jeden sofort töten... Ahja. Ich bin dann (im Gegensatz zu meinem enttäuschten lebensmüden Vater) doch ganz froh, dass wir keine Elefanten aus der Nähe betrachten mussten, durften, konnten. Dafür haben wir Affen gesehen, was mir auch entschieden lieber war.

Nach einem super anstrengendem Reisetag sind wir am nächsten Tag spät Abends in Bafoussam angekommen, wo wir eine Nacht bei netten Freiwilligen auf der Durchfahrt nach Foumban verbrachten. Auf Foumban war ich sehr gespannt- Irgendwie fand ich alles, was ich von Lea über diese Stadt gehört hatte, wirklich interessant und schön. Eine eher staubige, muslimisch geprägte Stadt, die für ihr Holzhandwerk bekannt ist? Ja, gerne!

Und tatsächlich würde ich meine Zeit in Foumban als die netteste Zeit auf der Reise betrachten. Nicht nur, dass Sarah, Eva und Daniel, die Freiwilligen dort, super nett und offen waren; die Stadt war tatsächlich noch schöner, als ich dachte. So bunt, so staubig. Und beispielsweise war der Markt in Foumban um tausendfaches schöner als der in Limbe! Diese Stadt hat eine Atmosphäre, die ich mir nicht schöner hätte vorstellen können- mit Ausnahme davon, dass es doch ganz nett gewesen wäre, hätte ich bei diesen irren Temperaturen etwas Haut zeigen dürfen. Ich durfte zwar streng genommen natürlich in Rock und Top und mit offenen Haaren auf die Straße, doch ich habe gemerkt, dass ich mich dann ziemlich nackt und auch respektlos fühlte. Wenn es die überwiegende Religion einer Stadt vorschreibt, nicht viel Haut zu zeigen, kann man das auch als Ausländerin einfach für die paar Tage respektieren und mitmachen. Während meiner Zeit in Foumban waren wir außerdem bei einem Kameruner zum Essen eingeladen. Das war wieder eine ziemlich interessante Erfahrung, denn ich bekam das ganz typische kamerunische Essen vorgesetzt. Dieses besteht meistens aus einer möglichst klebrigen und geschmacksneutralen Pampe, in diesem Fall „Fufu“, und etwas möglichst scharfem, in diesem Fall „Gemüse“, also grüne undefinierbare Blätter. Das ist nicht besonders schmackhaft aber durchaus essbar. Der Mann (ich habe leider seinen Namen vergessen) erzählte uns sogar, dass er dieses Essen jeden Tag esse. Jeden Tag! Sowieso ist das normale Familienleben besonders in Foumban noch einmal ganz anders als zum Beispiel im westlich geprägten Limbe. Es ist nämlich durchaus üblich, dass ein Mann mehrere Frauen hat. Diese sind dann aber wirklich nur für die Erziehung der Kinder und den Haushalt zuständig. Wenn Besuch da ist, isst die Frau nicht mit am Tisch. Das finde ich traurig.

Nach drei Tagen in Foumban verließen wir diese wundervolle Stadt mit all ihren Farben und Menschen (und mit einem riesigen Sack voller Holzkunst) schweren Herzens, um nach Bamenda zu fahren, wo Basil, Leas Boss, für die nächsten Tage ein Kulturprogramm zusammengestellt hatte. Wir fuhren also zunächst wieder nach Bafoussam, wo wir dann aber feststellen mussten, dass Busse nach Bamenda nur nachts fuhren. Also beschlossen wir, ein kurzes Stück mit dem Zug nach Mbanga zu fahren, um dort die Möglichkeit eine Tagesbusses zu ergreifen. Das klappte auch ganz gut, als der Zug dann mal da war. Ich werde mich jedenfalls nicht mehr so oft über die deutsche Bahn beschweren- die ist nämlich sicher, pünktlich und hat perfekten Service!

Bamenda ist eine riesige Stadt. Wir wohnten in Basils für kamerunische Verhältnisse sehr edlem „Family-house". In das Familienleben bin insbesondere ich ziemlich schnell aufgenommen worden. Eine der Mommies hatte es wohl als ihren Auftrag empfunden, mich mal so richtig zu erziehen. Also bügelte ich meine Blusen, und hörte mir mehrfach an, ich müsse auf jeden Fall mehr essen und dass Moskitonetze super unangebracht sind, weil es da ja keine Mücken gab. Dass ich das Mückennetz aber brauchte, weil ich mich vor den Kakerlaken ekelte, wollte ich ihr dann lieber nicht sagen.

Die heftigste Erfahrung in Bamenda machte ich aber gleich am ersten Tag. Da stellte uns Basil nämlich dem Bürgermeister vor, der fälschlicherweise auf eine Städtepartnerschaft, dem sogenannten „twinning" zwischen Bremen und Bamenda durch uns hoffte. Mit ihm redeten wir erstmal einige Minuten lang höchst geschwollen in seinem Büro und fuhren dann durch die Gegend, wobei er uns super stolz die brennenden Müllhaufen und die Wassergewinnung vorstellte. Mir war die ganze Situation unangenehm. Mit einem Jeep und dem Bürgermeister als Weiße durch Armutsviertel zu fahren, empfand ich irgendwie als herablassend für die Menschen außerhalb des Autos.

Dementsprechend war ich sehr froh, als wir uns vom Bürgermeister verabschieden konnten. Der Tag wurde aber immer abgedrehter. Wir besuchten nämlich den Font, der das geistliche Oberhaupt der Stadt ist. Schon allein das Betreten seines Geländes war seltsam. Der Font hat praktisch ein eigenes Dorf, denn er hat über 20 Frauen, die mit ihren dementsprechend vielen Kindern alle auch dort wohnen- in einem sauberen, gut gebauten Gebäudekomplex.

Als dann irgendwann ein wichtig aussehender Mann im Gewand auf uns zukam, uns die Hand schüttelte und in einen Raum führte, war ich der festen Überzeugung, er sei der Font. In diesem Raum saßen zwei Männer, denen ich gerade die Hand schütteln wollte, als Basil mich zurückhielt und mich in Richtung eines noch viel, viel wichtiger aussehenden Mann schob. Mir wurde klar, dass ER der Font ist und dachte, ich solle IHM die Hand schütteln und ging etwas zu enthusiastisch auf ihn zu. Es folgte großes Geschrei, eine Frau hielt mich zurück und drückte mir auf die Schulter, wodurch ich im Chaos dachte, ich solle auf die Knie gehen. Das sollte ich aber auch nicht. Ich ließ mir mit hochrotem Kopf von Basil zeigen, wie man einen Font begrüßt (hätte er auch echt früher machen können...), und dann war auch wieder alles gut. Trotzdem: Woher soll ich wissen, dass man zur Begrüßung eines Fonts gebückt auf ihn zugeht, dreimal in die Hände klatscht, und dann rückwärts wieder weggeht?

So schlimm kann's aber auch nicht gewesen sein, denn zum Schluss unseres Besuchs bekamen wir einen Hahn geschenkt, den wir kurzerhand Hans nannten und am nächsten Tag aßen.

Das Kulturprogramm der nächsten Tage entpuppte sich aber eher als langweilig. Wir gingen in einen botanischen Garten und besichtigten mit Basil die Stadt. Wenn Afrika an sich nicht so spannend gewesen wäre, hätte ich mich glaube ich echt gelangweilt.

So kam es dann, dass wir uns nach den drei Tagen in Bamenda von Basil verabschiedeten und zurück nach Limbe fuhren. Auf der Fahrt hatte ich echte Todesangst. Der Radkasten des linken Hinterrades schleifte ständig am Rad und wir lagen oft verdammt schief. Wenn ich eines hier in Deutschland nun zu schätzen weiß, dann ist es die Verkehrssicherheit.

Abschließend kann ich eigentlich sagen, dass es jedem zu empfehlen ist, eine

Schwester in Afrika zu haben. Meine kurze Zeit dort wurde durch den Umstand, dass ich durch Lea so schnell in die Kultur reinfinden konnte, sehr intensiv und echt. Mich fragen viele, ob ich mit den schlimmen Dingen, die ich auch gesehen habe, gut klarkomme. Ich wage zu behaupten, dass zumindest in Südkamerun niemand am Hunger stirbt. Man findet immer irgendwo eine Banane, eine Kokosnuss oder sonst etwas essbares. Doch wenn man eine Krankheit hat, kann man daran sterben, wenn man kein Geld hat. In Foumban zum Beispiel sah ich eine Frau, deren Hals fast so groß war wie ihr Kopf. Entweder es war eine enorm große Schilddrüse, oder es war ein Tumor. Hier wäre es vielleicht ein einfacher chirurgischer Eingriff, dort ist es eventuell ein Todesurteil. Das ist keine besonders tiefschürfende Erkenntnis, dennoch ist es das, was mich im Nachhinein am meisten beschäftigt, auch wenn Kinderarbeit und dreckige Holzverschläge ohne Strom und Wasser , in denen ganze Familien wohnen, natürlich auch bedrückend sind.

Trotz Allem versichere ich hiermit allen Lesern, dass Lea da drüben ein ziemlich tolles Leben führt- mit tollen Menschen, egal ob es die Kollegen, Mitbewohner, andere Freiwillige, Verkäufer oder Nachbarn sind. Zumindest war jeder von ihnen nett zu uns. So richtig negative Erfahrungen habe ich mit fast keinem Kameruner gemacht, was die Schwarzen hier ja leider nicht von sich behaupten können. Außerdem vermisse ich die Farben so sehr- Nicht nur die Farben der Natur, sondern auch die des afrikanischen Kleidungs-Stils. Auch einfach mal zwei Wochen nicht zu frieren war nett. Oder, dass man immer und überall für ein paar Cents die leckersten Früchte und Gebäcke bekommt, die keine ewig lange Reise hinter sich hatten.

Vielleicht komme ich ja irgendwann noch mal nach Afrika. Wer weiß...

Mittwoch, 27. April 2011

Im Norden

„Lea, ich brauche noch etwas! Mein Rucksack ist gerissen und ich sitze gerade beim Schneider und lasse ihn flicken. Wir treffen uns dann an der Half Mile!“ Als Paula mich anrief, war ich noch im Office um ein paar Sachen zu erledigen, bevor wir uns aufmachen wollten in den Norden. Ich ließ es also etwas langsamer angehen und war letztendlich sogar diejenige, die zu spät zum Treffpunkt kam. Wir haben uns in eins der Autos gequetscht, die Reisende nach Douala bringen und uns auf die nächsten zwei Wochen gefreut. In Douala angekommen klagten wir über platte Hintern und eingeschlafene Beine und wussten nicht, dass dieser Zustand ein dauerhafter werden sollte.

In Douala trafen wir Jannis, der schon am Morgen eingetroffen war. Wir übernachteten in der Wohnung der in Douala lebenden EED – Freiwilligen und machten uns am nächsten Morgen auf den Weg nach Yoaundé. Ein Freund hatte uns dort die Tickets für den Zug reserviert, die wir Mittags abholen mussten. Nach Stunden der Warterei-woran wir aber nun schon wirklich gewöhnt sind-stiegen wir dann endlich in den Zug, der geschätzte 200 Meter lang war und dessen Durchschnittstempo circa 30 km/h betrug. Ich hatte noch eine kleine Auseinandersetzung mit meinem Sitznachbarn, der nach mir im Abteil eintraf und der mit dem Hinweis darauf, dass er ja schon vor einer Stunde seine Plastiktüte auf den Satz am Fenster gelegt habe, diesen Sitz in Anspruch nehmen wollte. Die Tatsache, dass die Sitznummer des Fensterplatzes ganz klar auf meinem Ticket stand und nicht auf seinem, war für ihn kein Argument. Wer zuerst kommt, kriegt den guten Platz war seine Meinung. Mit etwas Hilfe der anderen Reisenden habe ich meinen Platz dann aber doch in Anspruch nehmen können. Die Fahrt war lang, aber weniger unbequem als befürchtet. Im Gegensatz zu den Sitzen in der zweiten

Klasse haben die in der ersten eine Lehne und sind gepolstert. Zwischendurch hielt der Zug immer wieder an kleinen Bahnhöfen irgendwo in der Pampa an, wo man bequem Bananen, Avokado oder Orangen durch die Fenster ersteigern konnte. Nach 15 Stunden Zugfahrt kamen wir Morgens gegen acht in Ngaoundere an. Diese Stadt gehört bereits zum Norden Kameruns und wir staunten nicht schlecht, wie trocken es auf einmal „über Nacht" geworden war, wie anders die Luft hier oben roch, wie anders die Hitze sich anfühlte. Wir stiegen direkt in den Bus nach Garoua und bewunderten die Landschaft. Rechts und links der Straßen sahen wir runde Lehmhütten mit Strohdächern, Eseln schubbern sich an trockenen Bäumen und kleine Kinder hüten die Ziegen. Der Norden Kameruns sieht so aus, wie man sich „Afrika" vorstellt. Trockene Buschsavanne, Nomadenherden, die mit ihren Ziegen und Kühen durch die Gegend ziehen, Frauen in bunten Stoffen und Kopftüchern und Hitze. In Garoua übernachteten wir in einer Mission, machten noch eine kleine Moto-Rundtour, empfanden die Stadt aber nicht unbedingt als eindrucksvoll. Am nächsten Morgen ging es weiter nach Maroua, der Haupstadt der Region des extremen Nordens. Sie liegt an einem Flussbett, das, wenn auch ausgetrocknet, dafür sorgt, dass die Stadt einer Oase ähnelt, die grün und lebendig mitten in der trockenen Savanne pulsiert. Wir sind direkt auf einen der vielen Berge um Maroua herum gestiegen, um uns einen Eindruck über die Stadt und die Umgebung zu verschaffen und waren unheimlich beeindruckt von der Sicht. Horizont, von Bergen durchzogen, soweit das Auge reicht und mittendrin die Stadt. Wir verbrachten zwei schöne Tage in Maroua, in denen wir durch die Steppe ritten (Jannis hat dankend abgeleht und war, nachdem er unsere blauen Innenschenkel gesehen hatte, auch sichtlich froh darüber – die Sättel waren doch eher unbequem), haben Chai Tee getrunken und auf dem Kunstmarkt der Stadt eingekauft. Dort war ich nach einiger Zeit nur noch als „Madame Dure" bekannt; die „Harte", weil ich beim besten Willen nicht die viel zu hohen Preise zahlen wollte und deswegen bis zum letzten Franc gehandelt habe. Da bin ich mittlerweile echt geübt drin und werde auf den deutschen Flohmärkten wohl mein

Handeltemperament etwas zurückschrauben müssen, um nicht allzu viele böse Blicke zu ernten.

Wir hatten von einem kleinen Dorf gelesen, Rhumsiki, zu dem man nur mit Motos kommt und das mitten in dem Mandera Gebirge liegt. Wir machten uns also auf sehr hügeligen Weg nach Mokolo, um dort nach langem verhandeln Motos nach Rhumsiki nehmen zu können. Der Weg dorthin war irgendwie irreal, ich konnte einfach nicht glauben, dass ich mich immer noch in Kamerun befinde. Die Landschaft, die Menschen und die so andere Kultur gaben mir eher das Gefühl, irgendwo in Nordafrika durch die Gegend zu fahren. Es ging vorbei an kleinen Dörfern und ich war mir einmal mehr bewusst, wie viel Glück ich hatte, in Deutschland in den Verhältnissen zu leben, wie ich es tue. Eine ganze Familie, zusammen in einer kleinen Lehmhütte, Kilometer bis zum nächsten Brunnen und abhängig von der Vieherde, von der sie leben. Das ist ein Lebensstandart, den ich mir auch nach dem, was ich hier bisher gesehen habe, nur schwer vorstellen kann.

In Rhumsiki angekommen mussten wir uns eingestehen, dass wir nicht in einem einsamen, kleinen verlassenen Dorf die Abenteurer spielen konnten und stellten fest, dass es hier doch um einiges touristischer ist, als erwartet. Kaum vom Moto abgestiegen, wurden wir von Männern umringt, die unser Guide sein und uns das Dorf zeigen wollten. Wir entzogen uns dem erst einmal und setzten uns in eine Bar, wo wir bei einer kalten Cola darüber nachdachten, was wir machen könnten. Klar war, dass wir einen Guide nehmen mussten, da wir sonst nicht in Ruhe gelassen werden würden. Wir entschieden uns für einen jungen, etwas zurückhaltenderen Mann, der auch Englisch sprach und ich deshalb nicht wie so oft in diesen zwei Wochen, die Dolmetscherin vom Französischen ins Deutsche oder Englische sein musste. David, so sein Name, zeigte uns das Dorf und gemeinsam ging es am Abend auf einen kleinen Hügel, von dem aus man einen unglaublichen Ausblick auf die so irreal wirkenden Bergketten des Mandera

Gebirges hatte. Wir konnten über die Grenze hinweg nach Nigeria gucken und ich fühlte mich so glücklich in dem Moment, so sehr „da“. Kein Gefühl des Ankommens, das sich schon vor Monaten eingestellt hat, sonder ein Gefühl des da Seins, des Dazugehörens zu der Welt.

Wir haben einen alten Mann in seiner Hütte besucht, der in der Dorfgemeinschaft einen sehr hohen Rang einnimmt, weil er eine Art Zauberer ist und Macht über das Wasser hat. Mit Hilfe einer Krabbe, die er in einem Tonkrug hält, kann er jede Frage beantworten, die im gestellt wird. Paula und ich gaben ihm etwas Geld und stellten unsere Fragen. Der Mann wiederum befragte die Krabbe und sagte uns: Paula wird drei Kinder haben. Das erste ein Junge, das zweite ein Mädchen und das Geschlecht des dritten wollte die Krabbe nicht verraten. Und ich werde meinen zukünftigen Ehemann in Afrika kennen lernen. Wenn nicht hier, dann in Deutschland. Ich weiß immer noch nicht, ob ich an diese so genannte „Whitchcraft“ glauben soll, bin aber beeindruckt davon, was für eine große Rolle sie in der Gesellschaft spielt. Nicht nur in einem kleinen Dorf wie Rhumsiki, sondern auch in den großen Städten Kameruns spielt die Zauberei eine große Rolle.

Die Nacht verbrachten wir in einem Hotel, wo wir von Mücken zerstochen wurden und so eher schlecht als recht in den nächsten Tag starteten. Wir machten uns auf den Rückweg, zurück nach Mokolo. Ich hatte einen etwas durchgeknallten Motofahrer und litt unter Todesangst, während wir auf der Sandpiste durch Löcher und über Hügel bretterten. In Mokolo wollten wir nicht auf direktem Weg wieder zurück nach Maroua, sondern entschieden uns dafür, einen Umweg über Mora zu nehmen, da die Strecke zwischen Mokolo und Mora die landschaftlich schönste in Kamerun sein soll. Das war sie meiner Meinung nach auch. Die Landschaft dort ist ähnlich wie die uns schon bekannte, nur noch durchzogen von terassenförmig angelegten Steinplateaus, auf denen während der Regenzeit Landwirtschaft betrieben wurde. Es ist schwierig, in Worte zu fassen, wie es ist, durch diese Gegend zu fahren, deswegen lasse ich lieber die Bilder sprechen, die ich noch hochladen werde. Zurück in Maroua waren wir sehr fertig und müde und so voll von Eindrücken und Gefühlen, dass wir fast sofort ins Bett fielen und trotz der Hitze tief und fest schliefen.

Dann kamen Lea aus Buea und ihr Freund Thomas in Maroua an und am nächsten Tag ging's gemeinsam auf Safari in den Waza Nationalpark. Wir standen früh auf und fuhren zu dem Hotel, wo Autos vermietet werden, um Touristen zum Park zu bringen. Uns wurde ein recht neuer, silbener Geländewagen mit Klimaanlage angeboten, wir hatten uns aber sofort in einen alten, dreckig-grünen Truck verliebt, der eine kleinen Ladefläche auf dem Dach hatte, auf die wir uns setzen konnten, was so ziemlich genau dem Safari-Gefühl entsprach, nach dem wir suchten. Unter dem verwunderten Blick des Fahrers entschieden für uns also für den alten Wagen und machten uns auf den Weg. Die Safari war schön und obwohl wir um Längen nicht so viele Tiere gesehen haben, wie wir erwartet hatten, reichten doch auch die kleinen Antilopenherden, die Giraffen und die Vogelschwärme, um uns glücklich zu machen. Die Löwen hatten sich vor uns versteckt und die Elefanten sind momentan gar nicht mehr in dem Park, sondern noch weiter nördlich gezogen, um Wasser zu suchen. Wir saßen auf dem Dach des Trucks, haben uns durch die Savanne fahren lassen und Giraffen erschreckt. Ein schöner Tag.

Am nächsten Tag machten Paula und ich uns zu zweit auf in Richtung Tschadsee. Eine Reise ins Ungewisse. Die Freiwilligen in Maroua haben steif und fest behauptet, dass es keine öffentlichen Verkehrsmittel gibt, die Passagiere ganz nach oben bringen. Wir dachten uns aber, dass ja auch die Kameruner, die kein eigenes Auto haben und die kein Geld haben, sich eins zu mieten, so wie es auch die meisten Freiwilligen gemacht haben, irgendwie nach Blangua, der nördlichsten Stadt Kameruns, kommen müssen. Wir haben uns also in den Bus nach Kousseri gesetzt, eine recht hässliche Stadt, die das Zentrum des Handels zwischen

Kamerun und dem Tschad darstellt. Am nächsten Tag machten wir uns auf die Suche nach einem Buschtaxi nach Blangua und fanden auch recht schnell eins. Wir waren letztendlich 14 Leute in einem Auto, das eigentlich für sieben bestimmt ist, und es ging los Richtung Blangua. Die Strecke dorthin kann nur von erfahrenen Fahrern in Angriff genommen werden, da eine Straße fehlt und die Sandpiste von vielen Reifenspuren durchzogen ist, die alle in unterschiedliche Richtungen führen. Nach drei Stunden Fahrt durch die Wüste, vorbei an kleinen Dörfern, Nomaden und im Sand spielenden Kindern, kamen wir an. Touristen verirren sich selten in diese abgeschiedene Gegend und dementsprechend waren wir die Attraktion des Tages für die Kinder des Dorfes. Wir fragten nach einer Piroge, die uns zum Tschadsee bringen kann und saßen nach eineinhalb Stunden des Wartens tatsächlich in einem blauen, motorbetriebenen Boot und fuhren auf dem Fluss, der zwischen Kamerun und dem Tschad entlang fließt, dem Tschadsee entgegen. Es sieht anders aus da oben, als ich es mir vorgestellt hatte. Ich hatte das Bild einer trockenen, kargen Landschaft im Kopf, mit vor Trockenheit aufklaffendem Boden, der bald zu Sand wird und schließlich vom See überflutet wird. Die Vorstellung ist natürlich total unlogisch, weil der See so viel Wasser zur Verfügung stellt, dass die Landschaft unheimlich grün und fruchtbar ist, viel Landwirtschaft und Fischerei betrieben wird und die Kühe und Ziegen sind so viel fetter als nur ein paar Kilometer weiter südlich. Der Fluss öffnete sich schließlich nach einiger Zeit des Fahrens und unser Guide sagte nur: „Das ist der Tschadsee!“ Sehr unspektakulär. Wir wussten nicht genau, was wir erwartet hatten, aber nicht das. Der Tschadsee erinnerte mich stark an die Nordsee; mit seiner grünen Uferbewachsung und den Wasservögeln, die auf den Sandbänken pausieren. Aber immerhin: weiter nördlich geht's nicht in Kamerun! Wir machten uns auf den Rückweg und mussten eine unangenehme Überraschung erleben: obwohl es erst vier Uhr am Nachmittag war, gab es keine Wagen mehr, die uns jetzt noch zurück nach Kousseri bringen konnten. Wir wollten aber so gar nicht die Nacht in Blangua verbringen, weil wir gar nichts dabei hatten uns unser Zimmer in Kousseri auch schon bezahlt war. Also hat ein Mann auf unser Bitten hin einen Busfahrer angerufen, der sich vor einiger Zeit auf den Weg gemacht hatte und bat ihn, auf uns zu warten. Wir mussten etwas Zuschlag zahlen, wurden auf Motos gesetzt und fuhren über die Sandpiste 20 Minuten lang durchs Nirgendwo, um den Bus an der vereinbarten Stelle zu treffen. Das hat auch alles so geklappt und abends kamen wir müde, aber glücklich, unser Ziel erreicht zu haben, wieder in Kousseri an

Am nächsten Tag wollten wir den kleinen Nationalpark bei Kousseri besuchen, um dort die Elefanten zu finden, die ja aus dem Waza in diese Richtung weitergewandert sein sollen. Nach langem Verhandeln fanden wir schließlich zwei Motos, die uns zum Park brachten, wo wir durch viel Herumfragen auch schließlich einen Guide fanden. Der uns sagte, dass die Elefanten am vorherigen Abend auf der Suche nach Nahrung weitergezogen seinen. Na Klasse. Wir entschieden uns aber trotzdem für den Park und haben schöne Landschaften, Affen und sogar Nilpferde gesehen. Zwar nur die Köpfe, die aus dem Wasser ragten, aber immerhin. Zurück in Maroua bin ich dann erstmal krank geworden. Ich hatte das Gefühl, Steine in meinem Magen zu haben, war einfach nur schlapp und müde. Im Krankenhaus wurde Malaria und Amöben diagnostiziert, mir wurden nach kamerunischer Manier unheimlich viele verschiedene Pillen verschrieben und ich lang zwei Tage lang einfach nur auf dem Sofa der Freiwilligen in Maroua, guckte Filme und las Bücher. Mir ging's aber schnell wieder besser und Paula und ich machten uns schließlich auf den Rückweg nach Limbe, der ohne größere Zwischenfälle verlief.

Jetzt bin ich also wieder in Limbe. Zuhause. Und seit meiner Rückkehr vor einer Woche ist schon wieder so viel passiert. Schöne und weniger schöne Sachen. Davon schreibe ich dann aber im nächsten Blogeintrag. Dieser hier ist sowieso schon wieder zu lang geworden.

Bis dahin, alles Liebe!

Montag, 16. Mai 2011

300 Tage Kamerun

Schon am Anfang meines Aufenthalts habe ich mir vorgenommen, dass ich, wenn ich genau 300 Tage im Lande bin, einen Blogeintrag veröffentlichen möchte. Weil die Überschrift so toll aussieht. Et voilà! Viel Spaß beim Lesen.

Seit der Nordenreise ist schon wieder fast ein Monat vergangen und ich habe das Gefühl, dass die Tage und Wochen nur so vorbei fliegen. Merkwürdigerweise scheinen die Wochen nur noch aus Montagen und Freitagen zu bestehen. Alles dazwischen verschwimmt irgendwie im Arbeitsalltag und meinen sonstigen Aktivitäten. Mal habe ich aktive Tage, an denen ich versuche, meinen durch fleißiges Essen antrainierten Speck wieder loszuwerden, mich abends mit Freunden treffe, tanzen gehe oder meine etwas eingerosteten Finger mal wieder die Gitarrensaiten zupfen lasse. An anderen Tagen will ich morgens am liebsten gar nicht erst aufstehen – vor allem jetzt, wo es wieder angefangen hat zu regnen – und gucke nach der Arbeit lieber einen Film oder lese ein Buch. Paula und ich arbeiten mehr oder weniger motiviert an unserem Projekt und hoffen, innerhalb der nächsten Tage nach Douala zu kommen, um die dritte Ausgabe von 'In Between' in den Druck zu geben. Ende des Monats schließen die Schulen für die großen Ferien und es ist fraglich, ob die Schüler motiviert sind, während ihrer freien Zeit an den Treffen teilzunehmen. Also kann es gut sein, dass mein letzter Monat hier in Kamerun auch recht ferienmäßig verlaufen wird. Da habe ich aber ehrlich gesagt nichts gegen.

Fast die gesamte letzte Woche waren ich und meine Kollegen in Buea, wo wir die Fortsetzung unseres Wokshops im letzten August hatten. Es geht darum, die Kommunikation zwischen den Councilorn, die jeweils ein bestimmtes Viertel der

Stadt vertreten, und der Bevölkerung zu verbessern. Es soll dafür gesorgt werden, dass nur die Projekte, die auch tatsächlich gebraucht werden, angegangen werden. Wenn zum Beispiel dringend eine neue Grundschule gebaut werden muss und die Kommunikation nicht funktioniert, wird am Ende ein neuer Brunnen gebaut, der aber eigentlich gar nicht gebraucht wird. Und das soll unter anderem durch unseren Workshop verhindert werden. Ich bin in dieses Projekt nicht allzu sehr eingebunden und meine Hauptaufgabe während des Workshops bestand darin, Fotos zu machen und die Councilor mit meinem Pidgin zu beglücken. Die drei Tage des Workshops waren sehr kräftezehrend und ich habe mir im „kalten“ Buea (bestimmt acht Grad kühler als in Limbe – also nur 25 Grad) erst einmal eine Erkältung zugezogen. Während der teilweise doch sehr langweiligen Vorträge von wichtigen Menschen habe ich etwas vor mich hin gelitten, dann aber in dem Communication Manager des Bürgermeisters, der nur wenig Jahre älter ist als ich, einen guten Freund gefunden und gemeinsam haben wir auch die lahmsten Power Point Präsentationen überstanden. Der Bürgermeister mag mich nicht mehr, weil ich ihm „aus dem Weg gehen“ gehen würde und aufmüpfig sei. Das mag teilweise stimmen. Hier ist mir wieder aufgefallen, wie sehr ich mich verändert habe in den letzten Monaten seit unserem ersten Workshop. Ich war schüchterner damals, habe zu vielem, was der Bürgermeister sagte, Ja und Amen gesagt, war zurückhaltener, leiser. Ich bin zwar immer noch Deutsch, aber mittlerweile auch sehr kamerunisch geworden. Das heißt, auf eine Art und Weise lauter, mehr „mittendrin“ und nicht mehr allzu ehrfürchtig (was nicht grade eine kamerunische Eigenschaft ist, aber inzwischen eine „leaische“). Das gefiel dem Bürgermeister anscheinend nicht besonders, aber was soll's. Ich habe dafür sehr viele positive Erfahrungen mit den Councilorn und anderen geladenen Teilnehmern gemacht, habe nette Gespräche geführt und auch trotz laufender Nase schöne Tage in Buea. Ein leicht alkoholisierter Councilor hat mir das Angebot gemacht, ein Lobschreiben an den DED (mittlerweile ja GIZ) zu schicken, um meinen tollen Einsatz zu würdigen. Er könne das jetzt direkt von seinem Handy aus machen! Ich habe dankend abgelehnt.

Ein anderes Projekt, dass in den letzten Wochen sehr viel Zeit in Anspruch genommen hat, ist „Dance for Life“. Dies ist ein internationales Projekt, das es mittlerweile in über 30 Ländern gibt und das durch Musik und Tanz Jugendlichen die Problematik von HIV/AIDS näher bringen und sie zum selbstständigen Handeln animieren soll. Ich habe Anfang April an einem fünftägigen Workshop teilgenommen, wo mich, Paula, Jannis und circa 20 andere Kameruner zwei sehr nette und dynamische Südafrikaner darin „trainiert“ haben, wie eine so genannte Heart Connection Tour durchgeführt wird. Diese Tours durch Schulen dienen dazu, den Jugendlichen einen ersten Eindruck von Dance For Life zu vermitteln, mit ihnen zu tanzen und durch andere Einheiten wie Theater und story telling eine Idee zu entwickeln, wie sie selber aktiv werden können. Der Workshop war sehr hart, aber auch sehr spannend. Wir haben eine Menge über uns selbst, über uns als Team, über Selbstpräsentation und Zusammenarbeit gelernt. Es ging gar nicht so sehr um HIV/AIDS, Kenntnisse über die Krankheit haben wir eigentlich alle mitgebracht. Es ging eher darum, wie wir an die Jugendlichen herantreten und ihnen das Thema wieder etwas „schmackhafter“ machen, da sie andauernd mit den verschiedensten Aufklärungskompanien, Projekten und Aktionen konfrontiert werden und teilweise doch schon etwas abgestumpft sind. Und wir haben getanzt! Ich wurde zur Leaddancerin auserkoren (Jaha! Ich und LEADdancen!), habe aber sehr schnell Spaß daran gefunden und unsere erste Tour an einer Schule ist auch sehr gut verlaufen. Der Tanz ist in allen Ländern der Selbe, nur ein kurzer Teil, der „Freestyle“ entwickelt jedes Land für sich selbst. Dementsprechend witzig ist es für die Schüler, wenn ich Whiteman oben auf der Bühne stehe, den Bamenda-Style tanze und meine Hüften schwinge. Aber es macht Spaß und ich freue mich auf die nächsten Touren durch die Schulen!

Ein weniger schönes Erlebnis hatte ich vor ein paar Wochen: Ich war in einem

Internetcafe, wo ich mein Handy neben den Computer legte, weil ich einen Anruf erwartete. Abends Zuhause bemerkte ich dann, dass mein Handy nicht da war. Ich bin nicht auf die Idee gekommen, dass ich es in dem Café vergessen haben könnte, sondern war mir 100%ig sicher, es im Office liegen gelassen zu haben. (Ja, manche Leute, die mich gut kennen, werden jetzt den Kopf schütteln-verändert habe ich mich in der Hinsicht nicht...) Also ließ ich mein Handy ein Handy sein und ging ins Bett. Im Halbschlaf hörte ich, wie es an der Tür hämmerte und die Stimme meiner Freundin Princess, die rief: „Lea, mach auf, ich habe dein Handy!" Noch etwas verschlafen ließ ich sie rein und sie erzählte mir, dass sie auf meinem Handy angerufen hatte, nachdem ich nicht auf ihre früher abgeschickte SMS geantwortet hatte. Ein Kerl sei rangegangen, der sehr aggressiv nach mir gefragt hat und mich unbedingt sehen wollte, um mit mir über das Handy zu reden. Princess hat ihm zu verstehen gegeben, dass ich gerade nicht kommen kann, weil sie selber nicht weiß wo ich bin. Sie ist dann zu einem anderen Freund, Mike, und gemeinsam haben sie den Kerl und seine drei Kumpanen getroffen. Der „Hauptmann" meinte, er hätte den anderen 10.000 Francs (circa 18 Euro) zahlen müssen, um die davon abzuhalten, das Handy zu verkaufen und er wolle das Geld von mir wieder haben. Mike kannte die Typen flüchtig und erklärte ihnen, dass er und Princess erst einmal das Handy zu mir bringen würden und wir uns dann alle gemeinsam am nächsten Tag zur „Übergabe" treffen könnten. So kam es, dass Princess Abends an meine Tür hämmerte. Am nächsten Tag haben wir uns dann mit dem Kerl und seinem Kumpel getroffen. Beide waren sehr aggressiv und haben herum geschrien, ich solle ihnen das Geld geben, warum ich denn so knauserig sei, es war doch so abgemacht. Mir ging es nicht so sehr um das Geld, sondern vielmehr darum, den Kerlen klar zu machen, dass man nicht einfach alles, was man so findet, sein Eigentum nennen kann und darf. Nach der Aussage „Wenn wir durch die Gegend laufen, etwas finden und der Besitzer ist nicht da, dann gehört es uns!", bin ich dann auch etwas lauter geworden. Auf die Idee, mein Handy einfach im Internetcafé abzugeben, wo ich es am nächsten Tag hätte holen können, ist niemand gekommen. Wäre ja auch ziemlich unprofitabel gewesen. Letztendlich habe ich ihnen das Geld gegeben, ohne das Gefühl gehabt zu haben, dass du Kerle meine Aussagen auch nur ansatzweise verstanden haben. Ein paar Tage später, habe ich den Obermacker abends auf der Straße getroffen, er hat mich angesprochen und ich habe dementsprechend angepisst reagiert. Er hat mich gefragt, ob ich sauer sei. Ähm, ja? Ich habe ihm das Ganze nochmal erklärt und er meinte doch ernsthaft, ihm ginge es nicht um das Geld, er sei ein „rich guy", hätte ein Auto und jede Menge Kohle. Ihm ginge es mehr ums Prinzip, weil er mein Handy ja praktisch vor seinen Freunden und dem Verkauf gerettet hat. Tolle Freunde hat er da.

Mir geht es gut und ich genieße meine letzten Wochen in diesem wundervollen Land. Es gibt immer wieder Momente, in denen ich mich so sehr auf Deutschland freue; auf meine Familie, meine Freunde, mein Fahrrad, das deutsche Essen (Vollkornbrot!). Aber in manchen Situationen, manchen Augenblicken, werde ich so traurig, so wehmütig. Es sind kleine Momente; wenn ich im Taxi sitze, den Berg herauf fahre und sich vor mir die unglaubliche Aussicht auf das Meer eröffnet. Wenn ich von der Arbeit nach Hause komme und die Kinder meiner Wohngegend auf mich zugerannt kommen, sich in meine Arme schmeißen und sich freuen, dass ich da bin. Wenn ich Abends gemütlich mit Freunden bei einem Feierabendbier sitze und sie sich in lauten Pidgin streiten und darüber diskutieren, wer denn jetzt Meister in England wird, nur um sich bei Übereinstimmung in die Arme zu fallen. Ich habe eine Mail von einem meiner Schüler, die mit an dem Magazin arbeiten, bekommen: „Danke Lea, für alles, was du und Paula für uns tun. Ich wollte schon immer Journalist sein, aber mir fehlen die Mittel, um etwas Entsprechendes studieren zu können. Aber so kann ich wenigstens in meiner Schulzeit das tun, was ich schon immer machen wollte. Wir werden euch nie vergessen!" Das hat mich sehr gerührt und hat mir gezeigt, dass ich, wenn ich gehe, doch etwas hinterlassen habe, etwas getan habe, wodurch man sich an mich erinnern wird. Aber obwohl diese Mail schon sehr nach Abschied klang, habe ich immer noch acht Wochen, die ich voll und ganz genießen werde!

Conny und Raphael sind am Wochenende aus Mamfe wiedergekommen, wo es für die beiden im Moment viel mehr Arbeit gibt als hier in Limbe. Sie bleiben allerdings nur für eine Woche, was ich schade finde, weil es schön ist, Conny mal wieder um mich zu haben, gemeinsam zu kochen und zu lachen. Wir haben in unserer Wohnung momentan ein kleines Platzproblem; ein kaputtes Rohr überflutet regelmäßig mein Zimmer, weshalb ich in Connys Zimmer gezogen bin und Raphaels Schwester Elizabeth und ihre beiden kleinen Mädchen leben auch zeitweise hier. Das heißt, uns stehen zwei Schlafzimmer und zwei Betten für sechs Leute zur Verfügung. Elizabeth schläft mit ihren Kindern auf einer Matratze im Wohnzimmer, Conny und ich zusammen in ihrem Bett und Raphael in seinem Zimmer. Elizabeth sagt, sie will „bald“ wieder eine eigene Wohnung haben. Ich glaube allerdings nicht, dass das passiert, während ich noch hier bin. Deswegen hat es doch auch was Gutes, dass Conny und Raph so selten da sind; es gibt einfach mehr Platz.

Für alle, die es noch nicht wissen: Ich komme am 17.07 Morgens in Frankfurt angeschwebt, werde mich dann in den Zug nach Bremen schwingen und bin dann gegen Nachmittag da. Ich könnte auch von meiner Familie abgeholt werden, habe aber das Gefühl, diese Zeit für mich alleine im Zug zu brauchen. Ein bisschen ankommen, bevor ich mich in die Arme von Familie und Freunden werfe.

Ja, ein langer Eintrag, ich weiß. Beschwerden werden abgewiesen.

Bis dahin, alles Liebe!

Mittwoch, 22. Juni 2011

„Wer hat an der Uhr gedreht, ist es wirklich schon so spät?"

Es regnet wieder in Limbe und Umgebung. Die Luft riecht anders als noch vor wenigen Wochen und der Matsch an den Waden ist mein ständiger Begleiter. Vieles lässt mich an die Zeit denken, als ich in Kamerun angekommen bin; die Gerüche, das Geräusch des Regens auf dem Dach, das ins-Taxi-steigen-ohne-alle-anderen-Fahrgäste-mit-dem-Regenschirm-nasszumachen. Und es riecht nach Abschied.

Was ist seit meinem letzten Blogeintrag passiert? Anfang Juni sind wir 14 Freiwillige-Deutsche, Amerikaner, Engländer, Italiener...-nach Yaoundé gefahren, um uns das Spiel zwischen Kamerun und Senegal im Stadion anzusehen. Für mich ging das Ganze schon eher weniger spaßig los, weil mir genau vorm Stadium das Ticket geklaut wurde. Ich habe bis jetzt noch nicht genau verstanden, wie der Dieb es zu Stande bekommen hat, aber mein Ticket war auf einmal nicht mehr in meiner Hand. Ich habe also den anderen hinterher geschrien, sie sollen drinnen auf mich warten und bin los gehechtet, um mir für viel zu viel Geld ein neues Ticket zu besorgen. Zurück im Stadion waren die anderen nicht zu sehen. Mein Handy hatte praktischerweise kein Kredit mehr und ich bin etwas verwirrt durch das doch recht große Stadium geirrt. Ich habe noch meinen Kartenverkäufer getroffen, von dessen Telefon ich meine Gruppe anrufen konnte und letztendlich bin ich ich dann doch, wenn auch etwas sauer, wieder bei den anderen gelandet. Mir wurde von alles Seiten versichert, dass man sich so sicher war, dass noch jemand bei mir sein würde, ich fand's trotzdem nicht besonders schön, vergessen worden zu sein. Die Stimmung war aber (noch) zu gut, um noch länger sauer zu sein und ich konzentrierte mich dann doch lieber aufs Spiel als aufs Schmollen.Für Kamerun ging es um alles oder nichts; ein Sieg musste her. Aber nach einem verschossenen

Elfmeter in der letzten Minute ging es dann doch 0:0 aus und im bzw. ums Stadium herum hoch her. Wir waren noch im Stadium und haben von dort die Ausschreitungen auf dem Platz vor dem Stadium beobachtet; Steine wurden geworfen und die Polizei rückte mit Wasserwerfern an. Die Stimmung war sehr geladen und uns wurde etwas mulmig zu Mute. Paula hatte sich etwas über die Brüstung gelehnt, um Fotos zu machen und plötzlich riss ihr eine Hand die Kamera vom Arm. Paula und eine andere Freiwillige waren geistesgegenwärtig genug, um hinter dem Dieb her zu rennen „Thief, thief!!!“ rufend. Es entstand ein großer Tumult, Paula bekam eine Faust ins Gesicht; die Kamera landete letztendlich aber wieder bei ihr. Trotzdem; so etwas haben wir bis jetzt auch noch nicht erlebt. Ich fand es schockierend, dass niemand den Mann aufgehalten hat, als er an der Menschenmenge vorbei rannte und zwei Mädchen schreiend hinterher. Selbst wenn manche im frankophonen Yaoundé das Wort „Thief“ nicht verstehen mögen; falsch konnte man die Situation bestimmt nicht interpretieren. Ich wage die Vermutung, dass hier in Limbe oder auch in Buea sich irgendjemand dem Dieb nach wenigen Sekunden in den Weg stellen würde. Yaoundé ist mir durch diese Aggressivität nicht gerade sympathischer geworden und auch die immer wieder zu hörenden anti-Weißen-Rufe („Ihr tötet unsere Brüder und Schwestern an der Elfenbeinküste!“, „Verschwindet aus unserem Land!“, „Madame Sarkozy, geh zurück zu deinem unfähigen Ehemann und sag ihm, die Weißen haben hier nichts zu suchen!“), die ich außerhalb von Kameruns Haupstadt noch nie zu hören bekommen habe, machen es nicht gerade besser. Zwei Freiwillige sind noch in eine sehr brenzelige Situation gekommen: Jannis und Daniel wollten sich aus „sicherer Entfernung“-im Nachhinein vielleicht nicht die beste Idee, die die beiden jemals hatten-anschauen, wie der Bus der kamerunischen Mannschaft an der aufgebrachten, mit Steinen bewaffneten Menge, vorbei fuhr. Auf einmal befanden sie sich am mitten drin, zwischen lauter Leuten, die versuchten, ihnen ihre Taschen zu entreißen und Portmonnaie und Handy aus den Hosentaschen zu ziehen. Hinzu kam eine Gruppe von Kamerunern, die versuchten, die Beiden zu beschützen;

letztendlich gab es einen riesigen Pulk von 200 Leuten, Jannis und Daniel mittendrin. Zu ihrer Rettung eilten dann zwei Polizisten auf Motos, die von der Menge halb zerstört wurden, die es aber schafften, die Jungs sicher aus der Gefahrenzone zu bringen.

Es war ein sehr intensives Wochenende mit einigen negativen Erfahrungen, von denen ich in Kamerun bis dahin eigentlich kaum welche gemacht hatte.

Viel gefeiert wird auch. Andauernd stehen Geburtstage an, WG-Parties und Say Good Bye-Parties. In Buea leben im Moment 10 internationale Freiwillige in zwei Häusern direkt nebeneinander, unter Anderem auch unsere DED- Freiwilligen. Die Amerikaner, Engländer, Holländer, Italiener, die auch dort leben, bleiben aber teilweise nur einige Wochen und dementsprechend viele Abschiedsparties gibt es. Die sind immer sehr spaßig; Deutsche zeigen ihre kamerunischen Tanzkünste und Kameruner versuchen, sich an die Deutschen Jugendhits zu gewöhnen. „Jippieh Jippieh Jeah!“... Letzten Samstag war ich mit ein paar Freunden aus Buea in Douala, wo wir in einen Club gegangen sind, der mich erst einmal umgehauen hat. In so einem edlen Schuppen war ich noch nie! Alle Mädels in knappen Kleidern und hohen Schuhen, die Kerle in Jeans und Anzughemd, die Deko, Tische, Tanzfläche, die Farbe der Wände, alles perfekt aufeinander abgestimmt. Es war eine Erfahrung wert und die Musik echt gut, aber ich bevorzuge doch Clubs, in denen ich mich nicht abwertend gemustert fühle, weil ich nur Sandalen und keine High Heels trage. Als irgendwann ein Lobeslied auf Samuel Eto'o, den kamerunischen und international bekannten Fußballstar, angestimmt wurde, habe ich mich schon gewundert, warum er ausgerechnet jetzt so gefeiert wird, bis mir auffiel, dass Eto'o mitten in in der Menge von fünf Bodyguards umringt, an einem Tisch saß und Kuchen aß. (Viel mehr als Eto'o hat mich die Torte interessiert. ECHTE Torte! Wow.) Aber wer kann behaupten, schon mal im selben Club wie der absolute Star einer gesamten Nation gewesen zu sein?

„Wer hat an der Uhr gedreht, ist es wirklich schon so spät?“

Paula und ich arbeiten momentan an der letzten Ausgabe von „In Between“, bevor es zurück nach Deutschland geht. Diese Woche steht die Layout Arbeit an und es wird tatsächlich mal wieder gearbeitet. Die letzten Wochen waren doch eher entspannt; mein Chef ist momentan in Bamenda und dementsprechend ruhig geht es im ASYOUSED Office zu. Außerdem regnet es jetzt auch des Öfteren am Morgen, was ein guter (und geduldeter!) Grund ist, später zur Arbeit zu kommen. Am Freitag soll es jedenfalls nach Douala gehen, um das Magazin dort drucken zu lassen, am Samstag geht es weiter nach Buea, wo eine Abschiedsfeier für eine Holländische Freundin geschmissen wird. Und dann sind es auch nur noch 2,5 Wochen bis es nach Yaoundé geht, zum Abschlusseminar und am Abend des 16ten ins Flugzeug zurück nach Deutschland.

Ich hoffe, dass die beiden Freiwilligen, die Paula und mir im August folgen werden, „In Between“ übernehmen. Ich würde niemals sagen, dass unsere Arbeit sonst umsonst gewesen wäre, aber es

wäre schon sehr schade, wenn die Ausgabe, die jetzt gedruckt wird, die allerletzte wäre. Es sind doch erst vier; es sollen noch mindestens doppelt so viel werden.

Mir geht es gut in Limbe, aber es ist Zeit nach Hause zu kommen. Kamerun ist zwar mein zweites, geliebtes Zuhause geworden, aber ich vermisse Deutschland.

Bis ganz bald!

Bis dahin, alles Liebe!

„Wer hat an der Uhr gedreht, ist es wirklich schon so spät?“

Mittwoch, 10. August 2011

Back again

Fast drei Wochen ist es jetzt her, dass ich wieder im nassen und kalten Deutschland gelandet bin. Ob ich tatsächlich wieder so richtig da bin, versuche ich immer noch herauszufinden.

Meine letzten Wochen in Kamerun sind dann doch sehr schnell vorbei gegangen; auf einmal konnte ich die Tage zählen, musste mich von Freunden, Kollegen, Orten und dem lecker gegrillten Fisch verabschieden, all meine Sachen irgendwie in meine Koffer quetschen (wie kann man innerhalb von 12 Monaten so viel Krams ansammeln?) und gleichzeitig versuchen, irgendwie zu verstehen, dass es zurück geht. Ins „Whiteman country“. Am Morgen der Abreise in Limbe winken unsere Freunde dem Bus hinterher und Paula und ich waren ungewöhnlich still. „Hey Paula, wie fühlst du dich?“. „Mmmmh. Irgendwie fühle ich mich...gar nicht.“ Dieses Gefühl, das wir beide hatten, hat Paula mit diesen Worten ziemlich genau auf den Punkt gebracht. Ich hätte gedacht, dass ich bei meinen Abschieden Rotz und Wasser heulen würde, aber es ging nicht. Weil das Ganze so irreal war, so lang vorbereitet, irgendwo auch ersehnt und gleichzeitig gefürchtet. Und dann war verabschieden angesagt und ich war noch lange nicht vorbereitet. Vor unserem Abflug hatten wir noch ein Seminar in Yaoundé, wo wir angefangen haben, über unser Jahr zu reflektieren; darüber, was wir zurück lassen und was wir mitnehmen wollen, wovor wir Angst haben, was wir vermissen werden. Wirklich neue Erkenntnisse kamen dabei aber nicht heraus; unter uns Freiwilligen haben wir während des Jahres schon sehr viel über diese Themen geredet.

Und dann ging es zum Flughafen, in den Flieger, nach Paris, dann nach Frankfurt und in die Arme der Familie. Alles sehr aufregend und merkwürdig schnell wieder normal. Wie selbstverständlich habe ich nach dem Anschnallgurt gegriffen; in Deutschland wird sich nun mal angeschnallt. Das erste Mal im Supermarkt einkaufen gehen war auch normaler als erwartet; genau so wie das erste Mal Fahrrad fahren, deutsches Essen essen, warm duschen, shoppen gehen ohne langes Verhandeln. Nichts da von wegen umgekehrter Kulturschock. Und gerade das hat mich geschockt. Ich war sofort wieder drin, mit meinen Freunden und meiner Familie war es von Anfang an wie vor meinem Kamerun-Abenteuer. Dabei wollte ich das doch eigentlich gar nicht. Ich wollte doch merken, dass etwas anders ist, dass ich anders geworden bin. Paula hatte am Anfang unseres Aufenthaltes mal gesagt, dass sie Angst davor hat, dass uns Kamerun nach unserer Rückkehr wie ein Traum vorkommen wird, so irreal. Ich habe das damals einfach abgetan und behauptet, dass so ein Jahr doch gar nicht irreal wirken kann, weil es so eine lange Zeitspanne ist. Aber jetzt habe ich verstanden, was Paula damals meinte. Grade in der ersten Woche in Deutschland kam mir Kamerun vor wie Traum. Als wäre ich gestern hier in Bremen in mein Bett gestiegen, hätte einen Traum über eine lange Reise gehabt und sei heute Morgen wie jeden Tag aufgestanden, um mein Deutsches, verhältnismäßig leichtes, sorgenfreies Leben zu leben. Jetzt nach etwas längerer Zeit habe ich das Gefühl, dass diese Art der Verdrängung, des nicht-drüber-Nachdenkens eine Art Schutzmechanismus von mir selbst war. Ich musste gleich zwei Tage nach meiner Rückkehr nach Münster zu einem Vorstellungsgespräch, ein paar Tage später nach Bonn und in zwei weitere Städte. Die Situation Zuhause ist im Moment etwas angespannt und anders als noch vor 12 Monaten. Alles und Jeder ist irgendwie wie vor einem Jahr und doch anders. So viele alte neue Eindrücke, Stress und Aufregung wegen der Gespräche, Verwirrung, Unsicherheit, Freude, Trauer, Aufregung, all das konnte ich einfach nicht verarbeiten. Dann besser gar nicht drüber nachdenken, dass ich gerade erst aus Kamerun, Afrika, einer anderen Kultur und Sprache wiedergekommen bin, dass ich neu gewonnene Freunde zurücklassen musste.

ach zwei Wochen bin ich mit meiner Mama nach Schweden in den Urlaub gefahren. Dort hatte ich zum ersten Mal endlich die Gelegenheit, zur Ruhe zu kommen und nachzudenken. Und das auch zuzulassen. Ich saß auf einem Felsen, sah sie Sonne im Meer untergehen und fragte mich, was meine Kameruner gerade machen. Auf einmal überfiel mich das Fern- oder eher Heimweh, ich wollte zurück und doch hier bleiben, wünschte mir, dass meine kamerunischen Freunde mein deutsches Leben kennen lernen könnten, so wie ich das ihre kennen lernen durfte. Ich sah die Sonne untergehen und erlaubte mir selbst unbewusst, dass jetzt die Zeit gekommen war, die Gedanken an Kamerun zuzulassen. Seitdem nimmt die Vermissung zu, aber ich genieße es. Weil diese Trauer und gleichzeitig Freude über das, was ich erleben durfte und gewonnen habe, mein afrikanisches Leben wieder so viel realer werden lässt. Ich freue mich immer, wenn ich die Gelegenheit bekomme, mich mit Kamerunern, anderen Afrikanern oder ehemaligen Freiwilligen auszutauschen, wie zum Beispiel sehr nette Nigerianer im Zug, Ghanaer in der Disko oder eine ehemalige Freiwillige aus Limbe, die jetzt in Münster studiert. In der Zukunft möchte ich solche Begegnungen aber nicht dem Zufall überlassen und mir aktiv Bekanntschaften suchen, mit denen ich über Kamerun reden kann, Geschichten austauschen oder auch nicht-afrikanisches tun kann.

Meine Nachfolgerin ist jetzt in Kamerun angekommen und ich bin schon sehr gespannt, was für Geschichten sie zu erzählen haben wird. Wenn ich ihren Blog lese, der vor Freude über das bevorstehende Abenteuer nur so strotzt, freue ich mich für sie und bin etwas neidisch.

Aber mir geht es gut hier in Deutschland. Dies ist die Kultur, in die ich geboren wurde, hier habe ich Freunde, die ich ein Leben lang kenne, meine Familie und viele andere Dinge, die ich sehr liebe. Aber gerade nach Kamerun weiß ich das Alles noch viel mehr zu schätzen, weiß aber auch, dass eine Kultur, die man ein

Jahr erleben konnte, einen Menschen nicht so sehr verändern könnte, dass er in der Kultur, in der er fast zwei Jahrzehnte lang gelebt hat, auf einmal nicht mehr zurecht kommt. Aber sie kann einem neue Blickwinkel öffnen und alte verändern und einem so helfen, sein Leben vielleicht etwas anders, bewusster zu leben. Wenn man es zulässt.

Nach Kamerun zu gehen war die beste Entscheidung, die ich in meinem 19-jährigen Leben getroffen habe. Ich habe mich verändert, bin selbstbewusster und aufrechter geworden, irgendwo auch erwachsener, gehe offener auf Menschen zu und versuche, Problemen und Schwierigkeiten entgegen zu treten und sie nicht wie früher zu verdrängen. Gelingen tut mir das mal mehr, mal weniger. Mir wurde auch schon gesagt, ich sei oberflächlicher und lauter geworden und stünde ab und zu neben mir. Auch das mag stimme. Und daran, dass alle Leute mich verstehen können, wenn ich mich in der Öffentlichkeit laut unterhalte oder meine Meinung über etwas oder jemandem zum Ausdruck bringe, habe ich mich immer noch nicht gewöhnt.

Mein Blog ist hiermit nicht zu Ende; ich wollte euch nur etwas an meinen Gedankengängen teilhaben lassen und es kommen sicherlich noch mehr Einträge über meine etwas verdrehte Gefühlswelt, mein zukünftiger Kontakt nach Kamerun und jegliche Aktonen, die etwas mit diesem wunderbaren Land zu tun haben. Ich danke euch allen für jegliche Art der Unterstützung während meiner Zeit in Kamerun. Sei es durch Briefe, Telefonate, Fotos oder eine Geldspende für mein Projekt.

Was meine Zukunft angeht: die nächsten drei Jahre werde ich in Münster leben. Ob und was ich studieren werde, werde ich dann sehen. Nur keinen Stress. Oder wie der Pidgin-kundige Kameruner sagen würde: „E no easy. But e go be fine."

Bis dahin, alles Liebe!

Über die Politik Kameruns

Der 78-jährige Paul Biya ist seit 1982 im Amt, also schon 30 Jahre. Alle sieben Jahre wird gewählt; Biya wurde 1997 und 2004 bestätigt, bei den letzten Wahlen 2011 trat er erneut an und wurde mit 77% der Stimmen wiedergewählt.

Als meine Zeit in Kamerun zu Ende ging, begann die Zeit der Wahlen. Ein großes, wichtiges Thema, das immer und überall Gesprächsstoff her gab. Gerade mit meinen Kollegen habe ich viel über dieses Thema gesprochen und ich war erschrocken, wie pessimistisch und resigniert die allgemeine Stimmung war. Von Kameruns 20 Millionen Einwohnern dürfen nur 7 Millionen wählen, 2011 zum ersten Mal auch ausgewanderte Kameruner.

Schon lange vor den Wahlen sah man an jeder Straßenecke Plakate mit Biyas lachendem Gesicht und Aufdrücken wie „The people's choice“. Auch Zeitungen, die von der Regierung kontrolliert werden, waren voll mit Propaganda für Biya. Eigentlich ist es gesetzlich verboten, schon vor dem offiziellen Beginn des Wahlkampfes solche Kampagnen in Gang zu setzen. Hinzu kommt, dass Biya staatliche Gelder hierfür genutzt hat, den politischen Gegner hingegen steht nur sehr wenig Geld zur Verfügung. Ein ungleicher Kampf.

Während und nach der Wahl wurden Stimmen in der Opposition laut, die von Manipulation, Bestechung und Einschüchterung sprachen. Elecam, der Organismus, der die Wahlen überwachen sollte (dessen totale Unabhängigkeit aber nicht bestätigt ist), sprach von einer regen Teilnahme der Kameruner an der Wahl, die reibungslos von statten gegangen sein soll. Beobachter sprechen allerdings von leeren Wahlsälen, stockender Verteilung der Wahlscheine, verspäteter Öffnung der Wahllokale und fehlender Wahlzettel für die Gegenparteien.

Kurz nach der Wahl äußersten sich internationale Stimmen, die sich positiv überrascht von dem ruhigen Ablauf der Wahlen äußerten. Dies war allerdings das

Bild, das die kamerunische Regierung nach außen trug. Tatsächlich gab es während der Wahlen tagelange Aufstände, teilweise blutig, in denen steinewerfende Jugendliche ihrem Frust Luft gemacht haben und die Polizei mir scharfer Munition auf die jungen Demonstranten losgegangen ist. Mindestens sieben starben. Einige Tage später wurden dann auch Stimmen aus der französischen und der amerikanischen Regierung laut, die Regelverstöße beim Wahlablauf bemerkt haben wollen und außerdem Beweise für die totale Unabhängigkeit Elecams sehen wollten.

Paul Biya wurde also nach 30 Jahren mit knapp 80% der Stimmen wiedergewählt. Der Großteil der Bevölkerung spricht sich aber eindeutig gegen Biya aus. Wie kann so etwas sein? Irgendetwas war jedenfalls Faul an dieser Wahl.

Meine kamerunischen Freunde und Kollegen sind teilweise gar nicht erst wählen gegangen. Und damit waren sie nicht die Einzigen. Viele Kameruner haben aus Protest oder auch aus Resignation nicht an der Wahl teilgenommen. „Er wird sowieso wieder gewinnen.“ „Meine Stimme macht keinen Unterschied.“ „Der hat doch alle Fäden in der Hand.“ waren oft gehörte Sätze kurz vor der Wahl.

Paul Biya gilt als absolut korrupt, als ein Reigierungoberhaupt, dem die zu Regierenden vollkommen egal sind. Kamerun besitzt wertvolle Ressourcen in Form von Energie, landwirtschaftlichen Möglichkeiten, Wasser im Überfluss und vielen Bodenschätzen; die Bevölkerung ist gut ausgebildet und auch ein Fachkräftemagel herrscht nicht. Aber Kamerun gilt als das korrupteste Land Afrikas, Korruption ist Alltag und dieser Alltag ist ohne Korruption kaum machbar. Biya ist ein Großteil des Jahres gar nicht erst in Kamerun, sondern im Schweizer Hotel Intercontinental. Er könne dort einfach besser arbeiten, sagt er. Mit welchen Geld er diese „Arbeitszeit“ finanziert sagt er nicht.

Allerdings sehen manche Kameruner auch Positives in Biya. Er schaffe es, dem Land Frieden zu geben und dafür zu sorgen, dass niemand an Hunger stirbt. Eines ist sicher: Kamerun beherbergt unheimlich viele verschiedene Religionen, Kulturen und Ethnien; Menschen verschiedener Herkunft und verschiedener Sprache. Konflikte bis hin zu Kriegen sind in Ländern mit ähnlicher Vielfalt schon vorgekommen. Kamerun aber lebt zum größten Teil in Frieden. Ob dafür aber Paul Biya zu danken ist, ist eine andere Frage.

Printed by Books on Demand GmbH, Norderstedt / Germany